Otto Bierbaum

Deutsche Chansons um 1900

Literaricon

Otto Bierbaum

Deutsche Chansons um 1900

ISBN/EAN: 9783956971648

Auflage: 2

Erscheinungsjahr: 2013

Erscheinungsort: Treuchtlingen, Deutschland

Literaricon Verlag Inhaber Roswitha Werdin

www.literaricon.de

DEUTSCHE CHANSONS

(BRETTL-LIEDER).

DEUTSCHE CHANSONS
(BRETTL-LIEDER)

VON BIERBAUM, DEHMEL, FALKE, FINCKH,
HEYMEL, HOLZ, LILIENCRON, SCHRÖDER,
WEDEKIND, WOLZOGEN. MIT DEN
PORTRÄTS DER DICHTER UND
EINER EINLEITUNG VON
O. J. BIERBAUM.

Siebentes bis zehntes Tausend.

Ein Brief an eine Dame
anstatt einer Vorrede.

München im Sabaretmonat:
September 1900.

Meine liebe, teure und unbeschreiblich blonde gnädige Frau, Herrin und Gebieterin! Stellen Sie sich, bitte, einmal vor, Sie säßen in einem mit himmelblauer Seide austapezierten Pavillon, hätten ein weißes Mullkleid an, das von rosafarbenen Schleifen gerafft, also kurz wäre, dazu einen florentiner Strohhut auf mit langen, langen suivez-moi-Bändern und links auf der Brust einen schwarzen Halbmond, rechts auf der Wange eine schwarze Scheibe: Schönheitspflästerchen; Ihre Schuhe, weiß atlassen, hätten hohe rote Stöckel, Ihre Strümpfe (oh, hm! hm!! hm!!!) wären fleischfarben und von veilchenblauen Zwickeln flankiert, und Ihre kleine, rosige, aber etwas bepuderte Hand hielte einen Hirtenstab mit flottierenden Bändern. So säßen Sie, Madame la Marquise als Schäferin, in einem mit meergrünsilber Brokat ausgeschlagenen Fauteuil und blickten lächelnd durch die schmale hohe Glasthüre hinaus in den Park, wo ich in der himmlischesten aller Seidenwesten (aprikosenfarbener Fond mit Silberapplikation und eingewirktem Tulpenmuster) ebenso graziös wie eilig zwischen den geschorenen Blutbuchen herankomme, links mit einem Spitzentaschentuch, rechts mit einem kleinen roten Buche winkend. Und nun winkten auch Sie recht lebhaft und fröhlich und riefen: „Ah, les chansons nouvelles, mon cher, n'est-ce pas? Enfin!" Und ich könnte gar nicht schnell genug (aber immer graziös) herbeigeeilt kommen und ließe mich auf's denkbar zierlichste in Kniebeuge vor Ihnen nieder und legte das kleine rote Buch in Ihren Schoß und spräche, noch ein bißchen außer Atem, aber doch mit sehr süßer Stimme: „Oui, ma chère, voilà les chansons nouvelles." Und nun führten Sie die goldene Stielbrille ans Auge und begännen sofort zu blättern, zu naschen, zu lesen, und die kleinen heitern Refrains flögen von Ihren frischen Kirschenlippen auf und jagten sich zwischen den vergoldeten Liebesgöttchen über den Spiegeln und Fensterbögen. Schöner aber, heiterer und silbersüßer als die graziösesten Refrains, klänge Ihr Lachen, Ihr lustiges, gesund volles Kinderlachen, wenn Sie — oh glücklicher Dichter! — ein Lied fänden, das Ihnen besonders lustig und lieblich schiene. Ich aber läge die ganze Zeit vor Ihnen auf den Knien und genösse das holdeste aller Schauspiele: Wie sich die Schönheit an der Heiterkeit der Kunst erfreut, wie die Worte der Dichter von den Küssen des schönsten Mundes ins Leben getragen, durch die Berührung mit den Lippen einer schönen Frau erst recht lebendig werden.

„Amoroso phantasiert," sagen Sie, indem Sie diese Zeilen lesen, denn Sie sind eine kleine Moquante. Aber was wollen Sie denn? Die Geschichte ist ja beinahe ganz wahr!? Sie sind so schön, wie nur irgend eine Marquise der galanten Zeit je gewesen ist, und das rote kleine Buch liegt vor Ihnen. Meine Weste ist freilich schwarz, und die Westen der übrigen Dichter (mit einziger Ausnahme Heymels) sind es wahrscheinlich auch, — aber was macht das? Wenn die Chansons nur bunt sind. Und sie sind es, Marquise meines Herzens, sie sind es. Es ist wahrhaftig ein hübscher Strauß, und die Blumen lachen. Die paar dunkeln Flecke dazwischen, ernste Blätter aus dem Herbste, stören das Ganze nicht, heben es nur. Wir haben ja Kunst für das Variété zusammengestellt. Da mochte und mußte das Schrille neben dem Zarten, das Ausgelassene neben dem Ernsten, heißes Gefühl neben Tändelei, Sentimentalität und Ironie nebeneinander stehen.

Kunst für das Variété. Aber ist das nicht eine schändliche Profanation? Heißt es nicht, einen unziemlichen Scherz mit der Muse der lyrischen Dichtkunst treiben, wenn man die Kinder, die man ihrer Huld verdankt, auf's Brettl stellt? Lyrik und Tingeltangel, — wie reimt sich das zusammen? Werden die Hochnotpeinlichen nicht sagen: Da seht ihrs nun, dahin sind sie glücklich gelangt mit ihrer Revolution der Litteratur, — erst auf die Freie

Bühne und nun in die Singspielhalle ...! ...? Ach, meine blonde Königin, sie werden es freilich sagen, und sie werden schrecklich saure Gesichter dazu schneiden, und es wird gar nicht lieblich sein, zu hören, was für Tempelschänder wir sind. Das ist nun so. Und es wäre gar nicht nett, wenn es anders wäre. Das Variété-Theater des Lebens wäre entsetzlich langweilig, wenn nicht auch die Steifleinenen ihre Knock-About-Nummern hätten.

Indessen muß ich gestehen, daß auch wir recht ernste Absichten haben, indem wir unsere Kunst in den Dienst des Tingeltangels stellen. Wir haben nun einmal die fixe Idee, es müßte jetzt das ganze Leben mit Kunst durchsetzt werden. Maler bauen heute Stühle, und ihr Ehrgeiz ist, daß das Stühle seien, die man nicht bloß in Museen bewundern kann, sondern mit denen sich die vier Buchstaben ohne Einbuße an ihrem Wohlbefinden wirklich in Berührung setzen können. So wollen auch wir Gedichte schreiben, die nicht bloß im stillen Kämmerlein gelesen, sondern vor einer erheiterungslustigen Menge gesungen werden mögen. Angewandte Lyrik, — da haben Sie unser Schlagwort.

Aus diesem Worte kann man die ästhetischen Gesetze des Chansons, wie wir es meinen, ziehen. Es müssen Lieder sein, die gesungen werden können; das ist das Erste. Das Zweite und nicht minder wesentliche aber ist, daß sie für eine Menge gesungen werden können, die nicht etwa, wie das Publikum eines Konzertsaales, darauf aus ist, „Große Kunst“ kritisch zu genießen, sondern die ganz einfach unterhalten sein will.

Unsere Meinung ist nun, daß auch dazu die Kunst nicht zu gut ist. Wir halten es vielmehr für verdienstlich, dem Unterhaltungsbedürfnisse unserer Mitmenschen mit künstlerischen Mitteln auch dort gerecht zu werden, wo bisher fast ausschließlich rohe Unkunst herrschte. Wie die Freien Bühnen es dahin gebracht haben, daß der Geschmack des Theaterpublikums ein höheres Niveau erhalten hat, so wird es, denken wir, möglich sein, durch künstlerische Variétébühnen verbessernd auch auf den Geschmack der größeren Menge zu wirken.

Man überlege sich, welch breiten Raum im heutigen Theaterleben die Variétébühnen einnehmen, wieviel Menschen es giebt, für die es außer ihnen kein Theater giebt, und man wird, meine ich, der Empfindung nicht wehren dürfen, daß es sich damit um ein Institut handelt, dessen Einfluß auf die Gesittung der großen Menge enorm ist

Es giebt Leute, die spartanisch genug sind, daraus den Schluß zu ziehen: „écrasez les infames“, — aber was nützt uns der zornige Eifer dieser Spartaner? Man kann Einrichtungen, die, wie das Variététheater, offenbaren Bedürfnissen des modernen Menschen gerecht werden, nicht ohne weiteres wegdecretieren. Sie sind die Erzeugnisse unserer allgemeinen Zustände, Aeußerungen unserer Kultur, wie etwa unsere elektrischen Straßenbahnen; es würde uns jetzt etwas fehlen, wenn wir sie auf einmal nicht mehr hätten. Der heutige Stadtmensch hat, wenn Sie Gütige mir das gewagte Wort erlauben, Variéténerven; er hat nur noch selten die Fähigkeit, großen dramatischen Zusammenhängen zu folgen, sein Empfindungsleben für drei Theaterstunden auf einen Ton zu stimmen; er will Abwechslung, — Variété. Damit müssen wir rechnen, wenn wir mehr sein wollen als ästhetische Präceptoren; und wenn wir Künstler sind, mit dem Wunsche, ins Leben zu wirken, so werden wir nicht auf die Idee verfallen, die Tingeltangels mit Feuer und Schwert, mit Polizei und Fanatismus auszurotten, sondern wir werden darauf denken, sie der Kunst zu gewinnen, sie in einem gewissen Sinne den „ordentlichen" Theatern ebenbürtig zu machen.

Zuerst ist diese Idee, glaube ich, von meinem Freund Stilpe ausgesprochen und mit dem ganzen Bohème-Elan seines ungeberdigen Wesens in Scene gesetzt worden. Wie es ihm damit ergangen ist, wissen Sie aus dem Buche, das seinen Namen trägt. Jetzt soll die Idee aus der Welt des Romans in die der Wirklichkeit übersetzt werden, und kein Geringerer als unser Freund Wolzogen ist es, der das besorgen will und wird. Ich halte das für keine geringere That als seinerzeit die Gründung der Freien Bühnen, und mir mißfällt an seinem

Plane nichts als der Titel, den er seinem Theater geben will. Er will es „Ueberbrettl" heißen, und das klingt mir wie ein Witz, der allzuleicht die Meinung erzeugen kann, als handle es sich auch mit der Sache selber nur um den witzigen Einfall eines Dichters. Aber der Name ist von nebensächlichem Belang. Die Hauptsache ist, daß der Plan selber in den rechten Händen liegt und alle Aussicht hat, ausgeführt zu werden. In Darmstadt soll es geschehen, dort, wo der zielbewußteste Kunstmäcen unserer Zeit, der deutsche Fürst, der wie kein anderer unsere Kunst und ihre Ziele versteht, im Jahre 1901 ein „Dokument deutscher Kunst" errichten wird. Zu diesem Dokument wird auch Wolzogens Brettl gehören, und Olbrich, dieser wunderbar frische und herrlich thätige Baukünstler, wird ihm das Haus dazu bauen.

Was wir hier bringen und zuerst in Ihre schönen Hände legen, ist eine bescheidene Gabe von Baubeiträgen. Wir wollen zeigen, daß unsere lyrische Kunst schon früher, als Aussicht auf Verwendung war, kleine anspruchslose

Dinge geschaffen hat, unter denen sich wohl das eine und andere Brauchbare finden möchte. Es werden sich, wenn einmal die Theater dafür da sind, viele einstellen, die mehr und vielleicht Besseres bringen; hier ist ein kleiner Grundstock. Es soll nur gezeigt werden, daß es an dichterischen Kräften für das deutsche Chanson nicht fehlt, und daß diese Kräfte mannigfaltig genug sind, um auch damit dem Wesen des Variétés zu genügen.

Wenn meine schöne Freundin uns so hold ist, in diesem kleinen Buche zu blättern, wird sie vielleicht wie wir, als wir es zusammenstellten, überrascht sein, wie bunt die einzelnen Gaben nebeneinander stehen. Von meinem Durcheinander der Laune und ihrer Töne will ich lieber schweigen; ich bin sowieso als Variétélyriker verrufen. Aber sehen Sie sich die anderen an! Wie entzückend hebt sich einer vom andern ab. Ueber Liliencron, Falke, Holz, Dehmel zu Ihnen zu sprechen, wäre Beleidigung, denn Sie wissen in ihnen mindestens so gut Bescheid wie ich, aber wie werden Sie über Wedekinds Gaben staunen, die aus seiner

„Fürstin Russalka“ sind, einem ebenso brillanten wie wenig bekannten Buche. Wolzogen ist der einzige, der seine Brettlsänge ad hoc geschrieben hat; seine Art hat die nächsten Beziehungen zu dem auf diesem Gebiete üblichen und ist deshalb vielleicht am besten geeignet überzuleiten. Und dann unsre beiden Jungen, der reizende graziöse Page Finckh und Heymel, der ungezogene aber immer liebenswürdige Ausbund an Lebenslust, Munterkeit und üppiger Jugend. Und Schröder, der weise Jüngling, vir juvenis sapiens, der selbst im Ulkigen Aesthet ist, und dessen groteske Brettlsänge wie Zeichnungen von Beardsley in Reimen anmuten! Ist das nicht ein prachtvoller Nachwuchs?

Ich glaube, meine Gnädige, Sie werden Freude an dem kleinen Buche haben, wenn auch, wie es nicht anders sein kann, manchmal verwegene Töne darin angeschlagen werden. Denn, was kann da sein: Wir wollen das Variété zwar ins Gebiet der Kunst erheben, aber zu einer Anstalt für Verkrüppelung der guten natürlichen Instinkte wollen wir es nicht machen. Im Gegentheil: Alles Gesunde, Lebendige, alles was heiter und gut aus unseren Sinnen kommt, soll hier seine Stätte und seinen geraden, schönen Ausdruck finden. Wir denken uns das Variété der Zukunft als eine Schaubühne, die keine moralische, sondern eine ästhetische Anstalt sein will. Es soll schön und heiter auf ihm zugehen, vielleicht — nein: gewiß auch übermütig, aber alles bloß Rohe und Wüste, alles was des Maßes der Schönheit entbehrt, soll keinen Platz auf ihm haben. Doch hat freilich jedes Genre seine Schönheit, und es wird immer Banausen geben, die das Frechheit nennen, was der freiere Geist als die spezifische Schönheit einer Art empfindet. Denken Sie jetzt an Aristophanes? Wir, meine liebe, schöne Freundin, denken manchmal an ihn.

Und nun also die feine Nase ins rote Buch, Marquise, und seien Sie uns eine huldreiche Leserin!

Ich küsse Ihnen die kleine Hand so lange, als Sie es erlauben, und bin der gehorsame Diener Ihrer Schönheit und Güte

Otto Julius Bierbaum.

Otto Julius Bierbaum

Gigerlette.

Fräulein Gigerlette
Lud mich ein zum Thee.
Ihre Toilette
War gestimmt auf Schnee;
Ganz wie Pierrette
War sie angethan.
Selbst ein Mönch, ich wette,
Sähe Gigerlette
Wohlgefällig an.

War ein rotes Zimmer,
Drin sie mich empfing,
Gelber Kerzenschimmer
In dem Raume hing.
Und sie war wie immer
Leben und Esprit.
Nie vergeß ich's, nimmer:
Weinrot war das Zimmer,
Blütenweiß war sie.

Und im Trab mit Vieren
Fuhren wir zu zweit
In das Land spazieren,
Das heißt Heiterkeit.
Daß wir nicht verlieren
Zügel, Ziel und Lauf,
Saß bei dem Kutschieren
Mit den heißen Vieren
Amor hinten auf.

Der lustige Ehemann.

Ringelringelrosenkranz,
Ich tanz mit meiner Frau,
Wir tanzen um den Rosenbusch,
Klingklanggloribusch,
Ich dreh mich wie ein Pfau.

Zwar hab ich kein so schönes Rad,
Doch bin ich sehr verliebt
Und springe wie ein Firlefink,
Dieweil es gar kein lieber Ding
Als wie die Meine giebt.

Die Welt, die ist da draußen wo,
Mag auf den Kopf sie stehn!
Sie intressiert uns gar nicht sehr,
Und wenn sie nicht vorhanden wär'
Würd's auch noch weiter geh'n:

Ringelringelrosenkranz,
Ich tanz mit meiner Frau,
Wir tanzen um den Rosenbusch,
Klingklanggloribusch,
Ich dreh mich wie ein Pfau.

Wundersames Abenteuer in einem Omnibus und einem Hausflur.

Ach wie schön sie ist, meine Nachbarin!
Blaue Augen hat sie und ein Grübchenkinn,
Blonde Haare steigen ihr vom Nacken an,
Und ich bitte, seht doch, wie sie lachen kann.
Ist wie eine Säule, rund und wohlgestalt,
Und ich schätze höchstens sie auf neunzehn alt.
Eine Augenweide ist sie, ein Genuß!
„Neue Friedrichstraße!" Hält der Omnibus.

Ist sie aufgestanden, will sie gehn; nanu?
Wirft ein Feuerrad sie mir zwei Blicke zu,
Rauscht an mir vorüber; ach wie schön sie geht,
Und ein Rüchlein Rose aus dem Kleid ihr weht,
Und ich bin gefangen, tappe hinterdrein,
In die Neue Grüne Straße biegt sie ein.

Wo die runde Neune überm Hause steht,
Hat sie sich mit Lächeln nach mir umgedreht,
Ist hineingegangen, und im dunklen Flur
Fühlte ich zwei Lippen und zwei Arme nur,
Stand in einer Rosenwolke; die war heiß;
Doch es sind die Hitzen hold im Paradeis.

Na? Und wie geht's weiter? Weiter geht's nicht mehr.
Mehr hier zu verlangen unbescheiden wär'.

Maikaterlied.

Maikater singt die ganze Nacht:
Der Frühling ist erwacht, erwacht,
Der Frühling ist erwacht!

Gleich einem Reif trägt er den Schwanz;
Wär'n Blätter dran, so wär's ein Kranz;
Er flötet:
Oh holde Mimamausamei,
Wer dich zu lieben wagt, der sei
Getötet!
Ich ganz alli — alla — allein,
Nur ich darf dein Gespusi sein,
Bis daß es morgenrötet.

Im Mai sind alle Blätter grün,
Im Mai sind alle Kater kühn
Und alle Jüngelinge.
Und wer ein Herz hat, faßt sich eins,
Und wer sich keins faßt, hat auch keins;
Singe, mein Kater, singe!

Jeanette.

I.

Was ist mein Schatz? Eine Plättmamsell.
Wo wohnt sie? Unten am Gries,

Wo die Isar rauscht, wo die Brücke steht,
Wo die Wiese von flatternden Hemden weht:
Da liegt mein Paradies.

Im allerkleinsten Hause drin,
Mit den Fensterläden grün,
Da steht mein Schatz am Bügelbret,
Hoiho, wie sie hurtig den Bügelstahl dreht,
Gott, wie die Backen glüh'n!

Im weißen Röckchen steht sie da,
Ihre Bluse ist blumig bunt;
Kein Mieder schnürt, was drunter sich regt,
Sich wellenwohlig weich bewegt,
Der Brüste knospendes Rund.

Vorüber geh' ich allmorgens früh,
Schau tief ihr ins Auge hinein.
Da liegt meine Lust, meine Liebe, mein Glück,
Die lachende Kunde: Komm abends zurück
Das Waschermadl ist dein!

II.

Ein Bett, ein Stuhl, ein Tisch, ein Schrank,
Und mittendrin ein Mädel schlank,

Meine lustige, liebe Jeanette.
Braune Augen hat sie, wunderbar,
In wilden Ringeln hellbraunes Haar,
Kirschroter Lippen ein schwellend Paar.
Jeanette! Jeanette!

Am Fensterbrett ein Ephen steht,
Durchs grüne Geranke die Liebe späht,
Meine lustige, liebe Jeanette.
Thüre auf: Da liegt mir am Hals das Kind.
Alleine wir beiden, es singt der Wind
Das Lied von Zweien, die selig sind.
Jeanette! Jeanette!

Josephine.

I.

Der Himmel ist blau, das Wetter ist schön,
Madame, wir wollen spazieren geh'n!
Da ist sie dabei!
In den blühenden Mai
Aussegeln wie Frühlingsfregatten wir zwei.

Wie Blütenschnee ihr Kleid so klar,
Ein Blumengarten ihr Strohhut war,
Ein moosgrün' Band vom Hute hing,
Wie Wimpelwurf im Winde ging.
Recht wie ein schwarzer Würdebär
Ging neben der Fee mein Leibrock her.

Wie wunderbar
Der Maitag war!
So frisch, so hell, so kühn, so jung,
Wie Kinderglückserinnerung;
Und so voll Liebe und Heiligkeit;
Ach, kranke Welt, wie bist du weit,
Weit von uns fern mit deiner Gier,
Mit deinem Haß, mit deinem Streit,
Wir seligen, seligen Kinder wir!

II.

Und es senkt sich die Nacht.
Kühle Winde, blasse Sterne.
„Du, hast Du mich gerne?"
Und sie küßt mich und lacht.

Und wir gehen nach Haus.
Alle Menschen schon schlafen,
Die Fregatten im Hafen ...
Und die Lampe löscht aus.

Schlagende Herzen.

Über Wiesen und Felder ein Knabe ging;
Kling — klang schlug ihm das Herz,
Es glänzt ihm am Finger von Golde ein Ring,
Kling — klang schlug ihm das Herz.
„Oh Wiesen, oh Felder,
Wie seid ihr schön!
O Berge, o Wälder,
Wie seid ihr schön!
Wie bist du gut, wie bist du schön,
Du goldene Sonne in Himmelshöh'n!"
Kling — klang schlug ihm das Herz.

Schnell eilte der Knabe mit fröhlichem Schritt,
Kling — klang schlug ihm das Herz,
Nahm manche lachende Blume mit,
Kling — klang schlug ihm das Herz.

„Über Wiesen und Felder
Weht Frühlingswind,
Über Berge und Wälder
Weht Frühlingswind.
Im Herzen mir innen weht Frühlingswind,
Der treibt zu dir mich leise, lind!“
Kling — klang schlug ihm das Herz.

Zwischen Wiesen und Feldern ein Mädel stand,
Kling — klang schlug ihr das Herz,
Hielt über die Augen zum Schauen die Hand,
Kling — klang schlug ihr das Herz.
„Über Wiesen und Felder
Schnell kommt er her.
Über Berge und Wälder
Schnell kommt er her.
Zu mir, zu mir schnell kommt er her!
O, wenn er bei mir nur, bei mir schon wär'!“
Kling — klang schlug ihr das Herz.

Münchner Studentenlied.

Ein Geschpusi muß ich haben!
Alles wankt, doch das steht fest:
So ein liebes, kleines Mädchen,
Das sich gerne haben läßt.
Ein Geschpusi muß ich haben!

Denn ich bin nun so geschaffen,
Daß ich Mädchen lieben muß;
Nulla dies sine linea
Heißt: kein Tag sei ohne Kuß;
Denn ich bin nun so geschaffen.

Ach, so was im Arm zu haben,
Mund an Mund und Brust an Brust,
Dafür laß ich alle Alten,
Cäsar, Cicero, Sallust . . .
Ach, so was im Arm zu haben!

Zwar ich habe nur ein Zimmer,
Und das Zimmer ist sehr klein,
Doch es können darin zweie
Ganz unbändig glücklich sein,
In dem einen kleinen Zimmer.

Also komm und laß nicht warten!
Auf den Tisch stellt schon ein Strauß,
Und das kahle, kleine Zimmer
Sieht heut ganz verwegen aus.
Also komm und laß nicht warten!

Laridah.

Auf eine altenglische Melodie zur Zupfgeige zu singen.

Ach, mein Schatz ist durchgegangen,
Laridah!
Erst wollt' ich ihn wiederfangen,
Laridah!
Doch dann hab' ich mich besonnen:
Laridah!
Manch Verloren ist Gewonnen.
Laridah!

Zwar es war ein süßes Mädchen,
Laridah!
Und wir hatten manches Beetchen,
Laridah!

Nicht bloß Veilchen, Tulpen, Rosen,
Laridah!
Auch zwei Stämmchen Aprikosen.
Laridah!

Und wir wohnten ganz alleine,
Laridah!
Hatten Nachbarinnen keine,
Laridah!
Unser Nest war zungensicher,
Laridah!
Vor Gekeife und Gekicher.
Laridah!

Ach, nun sing ich all' das Holde,
Laridah!
Das ich doch vergessen wollte,
Laridah!
Nein, das heißt nicht klug gesungen,
Laridah!
Denn der Hase ist entsprungen.
Laridah!

Treue war nicht seine Sache,
Laridah!

Drum ist's besser, daß ich lache:
Laridah!
Wär's nicht gestern mir geschehen,
Laridah!
Müßt' ich's morgen mich versehen.
Laridah!

Also, Herze, sei zufrieden,
Laridah!
Viele Hasen giebt's hienieden,
Laridah!
Ist der eine dir entlaufen,
Laridah!
Kannst du einen andern kaufen.
Laridah!

Einen schönen, weichen, weißen,
Laridah!
Mucki-Nucki soll er heißen,
Laridah!
Ach wie schlägt das Herz mir schnelle,
Laridah!
Springt er über meine Schwelle,
Laridah!

Zwei Prinzessen.

Die Prinzessin fährt zum Hochzeitsfest,
Vier Schimmel am Wagen,
Mit rotem Kragen
Die Kutscher und silberbetreßt.
Trara!
Hell schmettern Trompeten und Trompetinen.
Prinzeßlein sitzt da mit süßen Mienen
In Galatoilette und Gloria.

Die Menge verneigt sich und hebt den Hut;
Wie prunkt die Karosse!
Wir steh'n in der Gosse . . .
„Ach Gott, so eine hat's gut . . .“
Trara!
Hell schmettern Trompeten und Trompetinen,
Eine Kleine sagt's mit sauren Mienen
Und glänzt doch in Schönheit und Gloria.

Die Prinzessin hab' ich nicht mehr geseh'n,
Ich sah nur die feine,
Die liebe Kleine
Im wollenen Röckchen steh'n.

Trara!
Hell schmettern Trompeten und Trompetinen,
Doch alles hat golden überschienen
Der armen Schönheit Gloria.

Der jungen Hexe Lied.

Als nachts ich überm Gebirge ritt,
Rack, schack, schacke mein Pferdchen,
Da ritt ein seltsam Klingeln mit,
Kling, ling, klingelalei.

Es war ein schmeichlerisch bittend Getön,
Rack, schack, schacke mein Pferdchen,
Es war wie Kinderstimmen schön,
Kling, ling, klingelalei.

Mir war's, ich streichelt ein lindes Haar,
Rack, schack, schacke mein Pferdchen,
Mir war so weh und wunderbar,
Kling, ling, klingelalei.

Da schwand das Klingeln mit einemmal,
Rack, schack, schacke mein Pferdchen,

Ich sah hinunter ins tiefe Thal,
Kling, ling, klingelalei.

Da sah ich Licht in meinem Haus,
Rack, schack, schacke mein Pferdchen,
Mein Bübchen sah nach der Mutter aus,
Kling, ling, klingelalei.

Mädchenlied.

Auf einem jungen Rosenblatt
Mein Liebster mir geblasen hat
Wohl eine Melodei.
Es gab mir viele Dinge kund
Das Rosenblatt am roten Mund
Und war kein Wort dabei.

Und als das Blatt zerblasen war,
Da gab ich meinen Mund ihm dar
Und küßt an ihm mich satt.
Und viel mehr Dinge that noch kund
Der rote Mund am roten Mund,
Selbst als das Rosenblatt.

Rosen.

Als ich im kurzen Röckchen ging,
Da wußt ich gerne jedes Ding
Und ließ der Mutter keine Ruh:
Warum? Weshalb? Wieso? Wozu?
Schwer war es, Antwort sagen
Auf so viel schwere Fragen:
Du Mama, sag', Mama,
Wozu sind denn die Rosen da?
Sprach Mama:
Eisasa!
Rosen sind zum Brechen da.

Nun trag' ich schon ein langes Kleid
Und bin selbst fürchterlich gescheit
Und darf nicht jeden stellen: Du,
Warum? Weshalb? Wieso? Wozu?
Und hab' doch viel zu fragen.
Was würde sie wohl sagen,
Früg' ich: Du, sag', Mama:
Wozu sind denn wir Mädchen da?
Spräch Mama:
Eisasa!
Mädchen sind zum Küssen da.

Schäferlied.

Traurig war ich, ach so sehr,
Und viel Thränen sind geflossen,
Klagen hab ich hin und her
In die leere Luft gestöhnt, —

Ach so sehr!

Nur das Echo hat gehöhnt;
Niemand nahte, mich zu trösten,
Und mein Herz blieb unversöhnt,
Kummerschwer und freudeleer.

Da kam heut' ein schöner Tag,
Sonne kam und trieb die Wolken,
Sah mich, der ich müde lag
Mit verliebten Augen an, —

Schöner Tag!

Und ich wurde wieder Mann,
Blies auf meiner alten Flöte,
Sang mir dieses Liedchen dann,
Das mein Mädchen hören mag.

Der melancholische Narr.

Aus einer jungen Linde hab
Geschnitzt ich meinen Narrenstab;
Mein eigner Schädel wackelt drauf
Zwischen Schellen und Bändern als bunter Knauf.
Lacht er?
Küss' mich, küss' mich, Klingelstock mein,
Sei mein Lieb und ich bin dein.
Ach ich armer Narre!

Pst, pst, der Junker Lenz ist drauß',
Die ganze Welt sieht blühsam aus.
Du, Schellenschädel, rühr' dich, sag':
Lacht er uns auch, der Frühlingstag?
Er schüttelt.
Küss' mich, küss' mich, Klingelstock mein,
Sei mein Lieb, und ich bin dein.
Ach, ich armer Narre!

Weg! Alle Fenster dichte zu!
Wir zwei alleine, ich und du,
Wir wissen doch das Glück gewiß;
Du, glöckle in der Finsternis
Und grinse!

Küss' mich, küss' mich, Klingelstock mein,
Sei mein Lieb, und ich bin dein.
Ach, ich armer Narre!

Des Narren Nachtlied.

In der Nacht, in der Nacht, heidideldumdei!
Sing, sing, süße Geige und lache, Schalmei!
In der Nacht giebt's Wunderwerk mancherlei.
Wollt ihr ein's hören?

O Sterne, o Stille, o mondliche Pracht!
Wer hat in den tieftiefen Wald mich gebracht?
An den schwarzen See in der schaurigen Nacht?
Kalt wehen die Winde.

Krank bin ich und müde, und hier steh' ich nackt
Zwei Arme haben mich rauh gepackt;
Es hämmern die Spechte in gräßlichem Takt.
Da lieg ich am Boden.

zwei Männer in Larven sind über mich her.
Sie graben mich ein. Die Erde ist schwer.
der Winde Wehen hör' ich nicht mehr.
All — alles ist stille.

Und leise dringt der Staub in mich ein.
Verschlossen mein Mund, ach! könnte ich schrein!
Ich werde zu Erde, ich werde zu Stein.
Und muß doch fühlen.

Ich höre des Werdens Geraun und Gesumm
Es keimt und blüht um mich herum.
Ich aber bin starr, ich aber bin stumm,
Kann nicht einmal weinen.

Wer hat das gethan in der Nacht, in der Nacht
Wer hat mich zum stummen Steine gemacht
Wer hat das Wunderwerk fertig gebracht?
Sing, Geig' und Schalmeie!

Des Musterknaben kläglich Lied.

Manchen Wein hab ich getrunken,
Manchem schönen Kinde bin
Ich verliebt an's Herz gesunken;
Jetzt geht alles nüchtern hin,
Abgezirkelt, abgemessen,
Und das ist des Liedes Sinn:
Ach, vergossen, ach, vergessen!

Dunkelroter Wein im Becher
Und ein weißer Busen bloß,
Ein Verliebter und ein Zecher,
War ich selig, war ich groß,
Ritt auf Rausches roten Rossen
Mitten in der Götter Schooß, —
Ach, vergessen, ach, vergossen!

Einsam geh ich nachts nach Hause,
Und mein Keller steht mir leer,
Das verworrene Gebrause,
Ach, mein Herz kennt es nicht mehr;
Tugend hat sich eingesessen,
Exemplarisch, würdig, schwer, —
Ach, vergossen, ach, vergessen!

Soll mich gar nichts mehr entzücken?
Soll ich ewig nüchtern sein?
Wehe, Tugend, deinen Tücken,
Denn sie machen mir nur Pein;
Sauertöpfisch und verdrossen
Trag ich meinen Heiligenschein, —
Ach, vergessen, ach, vergossen!

Lied in der Nacht.*

Straßen hin und Straßen her
Wandr' ich in der Nacht,
Bin aus Träumen dumpf und schwer
Schluchzend aufgewacht,
Thränen,
Sehnen,
Lust und Schmerz, —
Ach, wohin treibt mich mein Herz?
Ach, wohin treibt mich mein Herz?

Steht ein Haus in Grün gebaut
Ferne vor der Stadt,
Wo der Fluß mit leisem Laut
Sein Geströme hat.
Blüten
Hüten
Dicht es ein:
Dort möcht' ich zu Gaste sein,
Dort möcht' ich zu Gaste sein.

* Zu diesem Liede existiert eine Melodie vom Verfasser.

Im Schlosse Mirabel.

Der Erzbischof von Salzburg,
Ein gar ein stolzer Mann,
Der liebt die schönen Jungfräulein
Und sieht sie freundlich an.
Er streichelt sie am Kinne,
Thut ihnen gar nit weh,
Es herrscht Frau Venusinne
Im Schlosse Mirabel, juchhe,
Im Schlosse Mirabel.

Der Erzbischof von Salzburg,
Ein gar ein strenger Mann,
Der bindet die schnöden Ketzer
An glühende Ofen an
Und läßt sie weidlich schwitzen;
Derweil erkühlt am See
Er sich von Liebeshitzen
Im Schlosse Mirabel, juchhe,
Im Schlosse Mirabel.

Der Erzbischof von Salzburg,
O wehe, was geschah,
Traktieret nicht mehr Minne,

Trakliert Dogmatica.
Man setzte ihn gefangen
Zu seinem großen Weh.
Wie gern wär' er gegangen
Zum Schlosse Mirabel, juchhe,
Zum Schlosse Mirabel.

O Erzbischof von Salzburg,
Dir ist ganz recht gescheh'n!
Es soll ein großer Kleriker
Nicht zu den Mädchen geh'n.
Die blühen für die Laien,
Sogar für Ketzer, — weh!
Ich selbst erfuhr's im Maien
Im Schlosse Mirabel, juchhe,
Im Schlosse Mirabel.

Herbstlied.

Nun klärt sich im Fasse der neue Wein,
Doch draußen ist es trübe,
Nur manchmal thut der Sonnenschein,
Als ob er den Nebel hübe;

Das Feld behauptet stolz allein
Die brave Zuckerrübe,
Doch auch ihr scheint es frostig zu Mute zu sein:
Ach, kochte man bald mich zu Zucker doch ein,
Ach, wenn man doch balde mich grübe!

King Thanatos sitzt auf dem Thron
Und übt sich im Regieren,
Mit Reichsschwert, Szepter, Reichsapfel und Kron'
Sieht man ihn wirbelnd jonglieren;
Sonst würd' es des Winters selbsteigenen Sohn
An höchstseine Hände frieren;
Blitzblau sind ihm Nase und Backen schon.
Jetzt ist der Trichter mein Bombardon,
Und ich gehe den Neuen probieren.

Das Mädchen ohne Bräutigam.

Wenn ich Braut bin, wenn ich Braut bin,
Will ich haben kein weißes Kleid,
Kein weißes Kleid;
Aus schwarzer Seide, so soll es sein,
Aber viele, viele weiße Rosen drein,

Große, weiße Rosen gestickt.
So will ich gehen, so will ich gehen,
Ganz langsam, langsam an den Altar.
Aber rote Rosen, ganz dunkelrote Rosen
Im Haar.

Und mein Brauthemd? Mein Brauthemd?
Wie soll das sein?
Vom allerfeinsten Linnen
Und schneeweiß soll es sein.
Bloß oben am Halse von Spitzen ein Rand
Und unter den Spitzen ein blaßblaues Band.
So soll mein weißes Brauthemd sein.

Und dein Bräutigam, Mädel, wie soll der sein?
Schön und stark soll mein Bräutigam sein.
Nicht gar so baumlang, aber auch nicht klein,
Und nicht schniegelbügelglatt;
Mit den Augen soll er lachen,
Wenn er im Arme mich hat.

Kennst du so einen?

Gott bist du dumm! Ich kenne keinen.
Wenn ich einen kännte und hätt' ihn lieb,
Mir keine Zeit zum Ausmalen blieb.

Nähm' ihn, wie er wäre, ob groß oder klein;
Auch das Brautkleid sollte mir einerlei sein.
Würde nach seinem Auge mich kleiden
In schwarze oder weiße Seiden.
Weiß doch, daß mir alles steht.

So ist dir gar nicht ernst, was du sagst?

Nein, bist du dumm, wie so ernst du fragst!
Bloß, daß die Zeit vorübergeht,
Bis er kommt, den ich und der mich mag,
Vermal' ich bunt mir so den Tag.
Ach, dann, wenn er da ist, dann, ach, dann,
Mal' ich mir weder Kleid noch Mann.
Dann thu ich . . . Was denn?
Hasche mich, du!
Na, so komme doch, lauf doch, greif doch zu!
Gott, bist du langsam! Wenn ihr alle so seid,
Brauch ich niemals ein Hochzeitskleid.

Mittagessen.

(Berliner Erinnerung.)

Um einen großen Tisch
Sind wir herumgesessen
Und haben ausgezeichnet
Getrunken und gegessen;
Geistreiche Leute waren auch dabei.
Weiß Gott, da konnte man merken,
Was Witz und Bosheit sei.
Zu Suppe, Braten, Fisch, Kompot,
Salat und süßer Speise
Maultrommelte Kritik und Spott,
Es reimte Teufel sich auf Gott
In dieser muntern Weise.

Von der Suppe bis zum Schnapse
Saß ich sprachlos da,
Wie getroffen vom Collapse,
Wußte nicht wie mir geschah.
Tournedos, Kaviar, Lampreten,
Rindfleisch à la Bordelais',
Stilton-, Schweizer-, Chesterkäs,
Und dazwischen immer Reden! —:

Bismarck, Harden, Stinde, Goethe,
Wagner, Bungert, Dahn, Homer,
Fledermaus und Zauberflöte,
Ludolf Waldmann, Meyerbeer;
China, Japan, Böcklin, Thumann,
Thoma, Werner, Stuck und Knaus,
Johann, Eduard, Richard Strauß,
Kaiser Wilhelm, Robert Schumann . . .
Mahlzeit! Mahlzeit! Laßt's mi aus!!!

Ein Lied im Lehnstuhl.

Laßt uns nicht schelten und schmähähen,
Das Leben ist so wie so schlimm, / ja schlimm! /
Laßt Friedenskörner uns sä . . ä . . en,
Begraben den grimmigen Grimm.

Was hilft es, die Fäuste zu ba . . a . . llen,
Dadurch wird der Böse nicht gut / ja gut! /
Und ist ein Schimpfwort gefa . . a . . llen,
Verdoppelt sich bloß seine Wut.

Zähneknirschen und Augenro . . o . . llen,
Hat gleichfalls gar keinen Sinn / ja Sinn! /
Sie thun ja doch was sie wo . . o . . llen,
Geh'n ihres Weges dahin.

Drum rat ich euch, zündet die Pfei . . ei . . fe
Des Friedens im Lehnstuhle an / ja an! /
Zorn ist eine giftige Sei . . ei . . fe,
Die Unheil anrichten kann.

Der alte Orgelmann singt:

Einst in meinen Jugendjahren
Hab' ich Liebe viel erfahren,
In der Bel-Etage sowohl
Wie Sout'rain und Entresol.

Bin ein frecher Fuchs gewesen,
Machte nicht viel Federlesen,
Rupfte hier und rupfte da,
Lina, Laura, Lucia.

Als Student hat man es leichte,
Denn es heißt selbst in der Beichte:

Studioſus fecit id?
Macht ein Roſenkränzlein quitt.

Und ſo lebt man wie die Finken,
Drückt auf rauh' und glatte Klinken,
Führ'n ſie nur zum Kämmerlein,
Wo die lieben Mädchen ſein.

Jetzo bin ich alt geworden
Und im grauen Katerorden
Allerält'ſter Senior;
Kommt mir ſelber putzig vor.

Von dem ganzen Lie-la-lieben
Iſt kaum ein Gedicht geblieben,
Das erbärmlich klagt und klingt
Und Erinnerungen ſingt.

Traurig dreh' ich meine Walze,
Die, belaugt vom Thränenſalze,
Förmlich um Erbarmen fleht,
Weil es mir ſo übel geht.

Laß ich meine Walze raſten,
Dreht da drüben ihren Kaſten

Laura, einst die schönste Maid,
Jetzt ein Weib im Lumpenkleid.

Sie auch hat es toll getrieben
Mit dem gottverfluchten Lieben,
Darum, hör' es, Publikum,
Dreht sie das Harmonium.

O, ihr netten jungen Leute,
Liebt mit Maßen und gescheute,
Bis ihr, tadellos gesund,
Schließet einen Ehebund.

Denn die allerschlimmste Ehe
Thut noch immer nicht so wehe,
Wie das Leierkastenspiel,
Denn das ist kein Lebensziel.

Kinderzeugen dahingegen
Macht Vergnügen und bringt Segen,
Wenn's geschieht im Ehebett,
Standesamtlich und honett.

Richard Dehmel

Der Frühlingskasper.

Weil nun wieder Frühling ist,
Leute,
Streu ich butterblumengelber Kasper
Lachend
Lauter lilablaue Asternblüten
Hei ins helle Feld!

Lilablaue Astern, liebe Leute,
Astern
Blühn im deutschen Vaterland bekanntlich
Blos im Herbst.

Aber ich, ich butterblumengelber Kasper,
Streue,
Weil nun wieder heller Frühling ist,
Tanzend
Tausend dunkelblaue Asternblüten
Hei in alle Welt!

Radlers Seligkeit.

Herrgott, wie groß ist die Natur!
Noch siebzehn Kilometer nur.
Ich radle, radle, radle.

Wie herrlich lang war die Chaussee!
Jetzt kommt das achte Feld voll Klee.
Ich radle, radle, radle.

Wer niemals fühlte per Pedal,
Dem ist die Welt ein Jammerthal!.
Ich radle, radle, radle.

Einst suchte man im Pilgerkleid
Den Weg zur ewigen Seligkeit.
Ich radle, radle, radle.

So kann man einfach an den Zehn
Den Fortschritt des Jahrhunderts sehn.
Ich radle, radle, radle.

Noch Joethe machte das zu Fuß,
Und Schiller ritt den Pegasus.
Ich radle!

Eine gantz neu Schelmweyß.

Zu singen im Tone
des weilandt Magistri Pfeffersraß.

Wir Schelmbe sind ein feinen hauff,
Da kann kein HErrgott wider auf.
Die Welt ist voll von Unsern Preiß,
Seit Adam stahl im Paradeys.
Hosianna!

Uns bleibt kein geldt in unsern sack,
Wir synd ein fürnemb Lumpenpack,
Wir han das Allergrößt gefolg,
Kein fuerst und Hertzog hat ein solch.
Hurrra!

Zu nie keyn diensten taugen Wir
Als für dem Edlen Malwesier.
Dem thun wir fröhnden, nimmer faul:
Ein jede Flaschen findt jr maul.
Hoppla!

Wir han nit weib, wir han nit kindt,
Wir sind die rechten Sausewind.
Vnd läßt vns Eine Dirn nit ein,
Die ander wird so süsser seyn!
Eia!

Wir schieren umb kein pfaff uns nit,
Wir han uns' Eignen Segen mit.
Vnd pfeiffen wir am letzten loch:
Der TEuffel nimpt in Gnad vns doch!
Sela!

Chinesisches Trinklied.

Nach Li-tai-po.

Der Herr Wirt hier — Kinder, der Wirt hat Wein!
Aber laßt noch, stille noch, schenkt nicht ein:
Ich muß euch mein Lied vom Kummer erst singen!
Wenn der Kummer kommt, wenn die Saiten klagen,
Wenn die graue Stunde beginnt zu schlagen,
Wo mein Mund sein Lied und sein Lachen vergißt,
Dann weiß Keiner, wie mir ums Herz dann ist,
Dann woll'n wir die Kannen schwingen —
Die Stunde der Verzweiflung naht.

Herr Wirt, dein Keller voll Wein ist dein,
Meine lange Laute, die ist mein,

Ich weiß zwei lustige Dinge:
Zwei Dinge, die sich gut vertragen:
Wein trinken und die Laute schlagen!
Eine Kanne Wein zu ihrer Zeit
Ist mehr wert als die Ewigkeit
Und tausend Silberlinge! —
Die Stunde der Verzweiflung naht.

Und wenn der Himmel auch ewig steht
Und die Erde noch lange nicht untergeht:
Wie lange, du, wirst Du's machen?
Du mitsamt deinem Silber-und-Goldklingklange?
Kaum hundert Jahre — das ist schon lange!
Ja: leben und dann mal sterben, wißt,
Ist alles, was uns sicher ist;
Mensch, ist es nicht zum Lachen?! —
Die Stunde der Verzweiflung naht.

Seht ihr ihn? seht doch, da sitzt er und weint!
Seht ihr den Affen? da hockt er und greint,
Im Tamarindenbaum — hört ihr ihn plärren?
Über den Gräbern, ganz alleine,
Den armen Affen im Mondenscheine?!

Und jetzt, Herr Wirt, die Kanne zum Spund!
Jetzt ist es Zeit, sie bis zum Grund
Auf Einen Zug zu leeren —
Die Stunde der Verzweiflung naht.

Masken.

Du bist es nicht, du stolzer Tempelritter
Im Panzerkleid, auf das die Kerzenstrahlen
Des bunten Saals mit täuschendem Gezitter
Geheimnisvolle Charaktere malen;
Dein Blick ist schwarz, laß das Visier nur zu!
Du bist es nicht — doch Ich bin Du.

Du bist es nicht, Zigeuner mit der Geige,
Der wild sein Lied läßt in die Zukunft bluten;
Dein roter Bart ist kraus wie Urwaldzweige,
Um die rauchprasselnde Frühfeuer gluten;
Dein Blick ist grau, laß nur die Maske zu!
Du bist es nicht — doch Ich bin Du.

Du bist es nicht, Traumkönigin; Seerosen
Trägst du im wolkenschweren Haargeflechte

Und bleichen Asphodelos und Skabiosen,
Die sanfter sind als purpurdunkle Nächte;
Dein Blick ist braun, laß deinen Schleier zu!
Du bist es nicht — doch Ich bin Du.

Du bist es nicht, mein blonder Puck; dein
Röckchen
Ist viel zu kurz für deine Mädchenbeine,
Man sieht es doch, daß dein hell Klingel-
stöckchen
Ein Totenköpfchen krönt, du freche Kleine;
Dein Blick ist stahlblau, laß dein Lärvchen zu!
Du bist es nicht — doch Ich bin Du.

Und du, bist Du's, du Domino im Spiegel,
In dessen Blick die Farben meerhaft schwanken,
Du maskenlos Gesicht? Zeig her das Siegel,
Das mir ausdrückt den Grund deiner Ge-
danken!
Bin ich das selbst? Ausdruck, du nickst mir zu;
Grundsiegel — Maske — Bin Ich Du? —

Im Spelunkenrevier.

Im Spelunkenrevier,
„Kaffee, Branntwein, Bier,“
Und ein Lied scholl rührend durch die Thür,
Und das sangen und spielten die traurigen
Vier,
Ein Vater mit seinen drei Töchtern.
Er stand am Ofen, die Geige am Kinn,
Schief neben ihm hockte die Harfnerin,
Und die Jüngste knixte und schloß ihr Lied,
Die Geige, die machte ti-flieti-fliet:
„War Eine, die nur Einen lieben kunnt.“

Die dritte ging stumm
Mit dem Teller herum,
Ums polternde Biljard, blaß und krumm;
Und nun drehte der Alte die Fidel um
Und klappte darauf mit dem Bogen.
Und auf einmal schwieg der Keller ganz,
Die Jüngste hob die Röcke zum Tanz;
Die Harfe, die machte ti-plinki-plunk,
Und die Jüngste war so kinderjung
Und sang zum Tanz ein wüstes Hurenlied.

Sie sang's mit Glut,
Das zarte Blut;
Und ihr schwarzer, zerknitterter Roßhaarhut
Stand zu der plumpen Harfe gut,
Mit den weißen papiernen Rosen.
Laut schrillten die Saiten ti-flieti-plunk,
Und Alle beklatschten den letzten Sprung,
Und vor mir stand die Tellermarie.
„Spielt mir noch Einmal," bat ich sie,
„War Eine, die nur Einen lieben kunnt".

Gieb mir.

Und du kamest in mein Haus,
kamst mit deinen schwarzen Blicken;
Sah ich still die Palmen nicken,
Und du gabst mir deinen Strauß.

Gabst die zitternden Narzissen,
Die wir in der Wildnis pflückten,
Deine schwarzen Locken schmückten
Meines Divans rote Kissen.

Kehre wieder in mein Haus,
Laß die wilden Blumen blühen;
Unsre jungen Lippen glühen,
Gieb mir, gieb mir deinen Strauß —

Entbietung.

Schmück dir das Haar mit wildem Mohn,
Die Nacht ist da,
All ihre Sterne glühen schon!
All ihre Sterne glühn heut Dir,
Du weißt es ja:
All ihre Sterne glühn in Mir!

Dein Haar ist schwarz, dein Haar ist wild
Und knistert unter meiner Glut;
Und wenn die schwillt,
Jagt sie mit Macht
Die roten Blüten und dein Blut
Hoch in die höchste Mitternacht.

In deinen Augen glimmt ein Licht,
So grau in grün,
Wie dort die Nacht den Stern umflicht.

Wann kommst du?! — Meine Fackeln loh'n!
Laß glühn! laß glühn!
Schmück mir dein Haar mit wildem Mohn!

Toilette.

Aber komm mir nicht im langen Kleid,
Komm gelaufen, daß die Funken stieben,
Beide Arme offen und bereit!
Auf mein Schloß führt keine Galatreppe,
Über Berge geht's, reiß ab die Schleppe,
Nur mit kurzen Röcken kann man lieben!

Stell dich nicht erst vor den Spiegel groß,
Einsam ist die Nacht in meinem Walde,
Und am schönsten bist du blaß und bloß,
Nur beglänzt vom schwachen Licht der Sterne,
Trotzig bellt ein Rehbock in der Ferne
Und ein Kuckuck lacht in meinem Walde.

Wie dein Ohr brennt! wie dein Mieder drückt!
Rasch, reiß auf, du atmest mit Beschwerde;
O wie hüpft dein Herzchen nun beglückt!

Komm, ich trage dich, du wildes Wunder:
Wie dich Gott gemacht hat! weg den Plunder!
Und dein Brautbett ist die ganze Erde.

Tanzlied.

Ich warf eine Rose ins Meer,
Eine blühende Rose ins grüne Meer.
Und weil die Sonne schien, Sonne schien,
Sprang das Licht hinterher,
Mit hundert zitternden Zehen hinterher.
Als die erste Welle kam,
Wollte die Rose, meine Rose ertrinken.
Als die zweite sie sanft auf ihre Schultern nahm,
Mußte das Licht ihr, das Licht zu Füßen ihr sinken.
Da faßte die dritte sie am Saum,
Und das Licht sprang hoch, zitternd hoch, wie zur Wehr,
Aber hundert tanzende Blütenblätter
Wiegten sich rot, rot, rot um mich her,

Und es tanzte mein Boot,
Und mein Schatten auf dem Schaum,
Und das grüne Meer, das Meer —

Ballade vom stillen Mädchen.

Ich will nicht immer küssen,
Ich will nur fühlen, du bist mein!
Und wenn du noch viel nackter wärst,
Ich würde lieber zu Stein,
Als heut dich küssen.

Gieb mir die stillste Stille,
Die du geben kannst.
Dann will ich wie der Mondschein dort,
Der auf den Blättern tanzt,
Bei dir bleiben.

So sprach der weise König,
Da fiel ein Blatt in ihren Schooß,
Der Wind fuhr durch den Mondschein,
Sie aber nickte blos
Und küßte es.

Er ist bei ihr geblieben,
Er riß ihr das Blatt vom Munde,
Er ist die ganze Nacht geblieben
Und hat sie — Gott weiß wie still — geküßt,
Wol hundertmal die Stunde.

Schutzengel.

Nicht vom Kirchhof will ich Ephen pflücken,
Steht das ganze Dörfchen doch voll Epheu;
Davon will ich pflücken
Für mein Kämmerchen!
Spricht der junge, junge Jägersmann.

Guten Tag, du schönes, schönes Mädchen,
Gieb mir doch dein liebes, liebes Händchen!
Weißt', ich suche Epheu
Für mein Kämmerchen;
Darf ich wol von deinem Epheu pflücken?

Komm herein, du schöner, schöner Jäger,
Will dir vielen, vielen Epheu geben.

Hinten um mein Fenster,
Um mein Kämmerchen,
Schlingt sich dicht der dunkle, dunkle Epheu.

Kommt das kleine Brüderchen gelaufen:
Schwesterchen, was will der große Jäger?—
Und ich küßt' es auf die scheue Stirne
Und ging still nach Hause
In mein Kämmerchen:
Ich der junge, junge Jägersmann.

Nicht doch.

Mädel, laß das Stricken — geh,
Thu den Strumpf bei Seite heute;
Das ist was für alte Leute,
Für die jungen blüht der Klee!
Laß, mein Kind;
Komm, mein Schätzchen!
Siehst du nicht, der Abendwind
Schäkert mit den Weidenkätzchen ...

Mädel liebes, sieh doch nicht
Immer so bei Seite heute;
Das ist was für alte Leute,
Junge sehn sich ins Gesicht!
Komm, mein Kind,
Sieh doch, Schätzchen:
Über uns der Abendwind
Schäkert mit den Weidenkätzchen . . .

Siehst du, Mädel, war's nicht nett
So an meiner Seite heute?
Das ist was für junge Leute,
Alte gehn allein zu Bett!
Was denn, Kind?
Weinen, Schätzchen?
Nicht doch — sieh, der Abendwind
Schäkert mit den Weidenkätzchen . . .

Triumphgeschrei.

Alle kleinen Kinder
Schrei'n Hurrah, Hurrah.
Mutterchen liegt still zu Bett,
Kindchen schreit Hurrah.

Vater steht daneben,
Kuckt und brummt: ja ja,
Ist ein schweres Leben.
Kindchen schreit Hurrah.

Mutterchen brummt garnicht,
Selig liegt sie da.
Denn das kleine Menschenkind
Schreit Hurrah, Hurrah.

Wiegenlied für meinen Jungen.

Schlaf, mein Küken — Racker, schlafe!
Kuck: im Spiegel stehn zwei Schafe,
Bläkt ein großes, mäkt ein kleines,
Und das kleine, das ist meines!
Bengel, Bengel, brülle nicht,
Du verdammter Strampelwicht!

Still, mein süßes Engelsfüllen:
Morgen schneet es Zuckerpillen,
Übermorgen blanke Dreier,
Nächste Woche goldne Eier,
Und der liebe Gott, der lacht,
Daß der ganze Himmel kracht.

Und du kommst und nimmst die Spenden,
Säst sie aus mit Sonntagshänden,
Und die Erde blüht von Farben,
Und die Menschen thun's in Garben —
Herrr, den Bengel kümmert nischt,
Was man auch für Lügen drischt!

Warte nur, du Satansrachen:
Heute Nacht, du kleiner Drachen,
Durch den roten Höllenbogen
Kommt ein Schmetterling geflogen,
Huscht dir auf die Nase, hu,
Deckt dir beide Augen zu —

Deckt die Flügel sacht zusammen,
Daß du träumst von stillen Flammen,
Von zwei Flammen, die sich fanden,
Hölle Himmel still verbanden — —
So, nu schläft er; es gelang;
Himmel, Hölle, Gott sei Dank!

Furchtbar schlimm.

Vater, Vater, der Weihnachtsmann!
Eben hat er ganz laut geblasen,
Viel lauter als der Postwagenmann.
Er ist gleich wieder weitergegangen,
Und hat zwei furchtbar lange Nasen,
Die waren ganz mit Eis behangen.
Und die eine war wie ein Schornstein,
Die andre ganz klein wie'n Fliegenbein,
Darauf ritten lauter, lauter Engelein,
Die hielten eine großmächtige Leine,
Und seine Stiefel waren wie deine.
Und an der Leine, da ging ein Herr,
Ja wirklich, Vater, wie'n alter Bär,
Und die Engelein machten hottehott;
Ich glaube, das war der liebe Gott.
Denn er brummte furchtbar mit dem Mund,
Ganz furchtbar schlimm, ja wirklich; und —

Aber Detta, du schwindelst ja,
das sind ja wieder lauter Lügen!"

Na, was schad't denn das, Papa?
Das macht mir doch so viel Vergnügen.

„So? — Na ja.“

Der Schatten.

Nach R. L. Stevenson.

Ich hab einen kleinen Schatten, der geht wo hin ich geh;
Aber wozu ich ihn habe, ist mehr als ich verste
Er ist ganz ebenso wie ich, blos nicht ganz s schwer;
Und wenn ich in mein Bettchen hüpfe, dan hüpft er hinterhe

Das sonderbarste an ihm ist, wie er sich anders macht;
Garnicht wie artige Kinder thun, hübsch alle mit Bedacht.
Nein, manchmal springt er schneller hoch, a mein Gummimann;
Und manchmal macht er sich so klein, da Keiner ihn finden kann

Neulich ganz früh, da stand ich auf, noch eh
die Sonne schien,
Und ging spazieren durch den Tau, im Gras,
und suchte ihn.
Aber mein kleiner fauler Schatten, als wenn
er Schnupfen hätt,
Lag wie ein altes Murmeltier noch fest zu Bett.

Tief von fern.

Aus des Abends weißen Wogen
Taucht ein Stern;
Tief von fern
Kommt der blasse Mond gezogen.

Tief von fern
Aus des Morgens grauen Wogen
Langt der große blasse Bogen
Nach dem Stern.

Die Getrennten.

Zu einer Melodie aus der Wertherzeit.

Nie mehr bin ich allein,
Gleich bebt in mir deine Stimme:
O — wie ist dir ums Herz?

Wie dem Schwanenpaar damals,
Das wir beim Nestbau belauschten,
Beide wie Ein Herz bewegt!

O, jetzt bin ich allein,
Jetzt bebt in mir deine Stimme:
Du — wo bist du, mein Herz?!

Der Arbeitsmann.

Wir haben ein Bett, wir haben ein Kind,
Mein Weib!
Wir haben auch Arbeit, und gar zu zweit

Und haben die Sonne und Regen und Wind,
Und uns fehlt nur eine Kleinigkeit,
Um so frei zu sein, wie die Vögel sind:
Nur Zeit.

Wenn wir Sonntags durch die Felder gehn,
Mein Kind,
Und über den Ähren weit und breit
Das blaue Schwalbenvolk blitzen sehn:
Oh, dann fehlt uns nicht das bischen Kleid,
Um so schön zu sein, wie die Vögel sind:
Nur Zeit.

Nur Zeit! wir wittern Gewitterwind,
Wir Volk.
Nur eine kleine Ewigkeit;
Uns fehlt ja nichts, mein Weib, mein Kind,
Als all das, was durch uns gedeiht,
Um so froh zu sein, wie die Vögel sind.
Nur Zeit!

Erntelied.

Es steht ein goldnes Garbenfeld,
Das geht bis an den Rand der Welt.
Mahle, Mühle, mahle!

Es stockt der Wind im weiten Land,
Viel Mühlen stehn am Himmelsrand.
Mahle, Mühle, mahle!

Es kommt ein dunkles Abendrot,
Viel arme Leute schrein nach Brot.
Mahle, Mühle, mahle!

Es hält die Nacht den Sturm im Schooß,
Und morgen geht die Arbeit los.
Mahle, Mühle, mahle!

Es fegt der Sturm die Felder rein,
Es wird kein Mensch mehr Hunger schrein.
Mahle, Mühle, mahle!

Mein Trinklied.

Noch eine Stunde, dann ist Nacht;
Trinkt, bis die Seele überläuft,
Wein her, trinkt!
Seht doch, wie rot die Sonne lacht,
Die dort in ihrem Blut ersäuft;
Glas hoch, singt!
Singt mir das Lied vom Tode und vom Leben,
Dagloni gleia glühlala!
Klingklang, seht: schon knicken die Reben,
Aber sie haben uns Trauben gegeben!
Hei! —

Noch eine Stunde, dann ist Nacht;
Im blassen Strome ruckt und blinzt
Ein Geglüh.
Der rote Mond ist aufgewacht,
Da kuckt er übern Berg und grinst:
Sonne, hüh!
Singt mir das Lied vom Tode und vom Leben,
Mund auf, lacht! das klingt zwar sündlich,
Klingklang, sündlich! aber eben:
Trinken und lachen kann man blos mündlich!
Hüh! —

Noch eine Stunde, dann ist Nacht;
Wächst übern Strom ein Brückenjoch,
Hoch, o hoch.
Ein Reiter kommt, die Brücke kracht;
Saht ihr den schwarzen Reiter noch?
Dreimal hoch!!!
Singt mir das Lied vom Tode und vom Leben,
Dagloni, Scherben, klirrlala!
Klingklang: neues Glas! trinkt! wir schweben
Über dem Leben, an dem wir kleben!
Hoch! —

Gustav Falke

Die Zierliche.

Du Zierliche, Leichte,
Wenn ich dich erreichte,
Du Feine, Zarte,
Warte nur, warte.
Wenn ich dich fing'?
Solche zierliche Dinger
Faßt man mit Daumen und Mittelfinger,
Wie der Knabe den Schmetterling.

Pendel.

Eine schlank, und blond die andre,
Schlank und schwarz, nun Herzschlag wandre
In dem alten Pendelgange
Zwischen diesen beiden Schönen.
Tick und Tack, ich hör's am Klange,
Hör's am Hin- und Wiedertönen:

Schwingst in abgemessner Mitte,
Rechts zwei Schritte, links zwei Schritte:
Schwarze — Blonde, Schlag um Schlag,
Schwarze — Blonde, durch den Tag,
Schwarze — Blonde, Schwarze — Blonde. —

Tanzlied.

Lachendes Kind, drolliges Kind,
Blitzblick und Grübchen in Wangen,
Nur einen Walzer noch. Nicht zu geschwind,
Seliges Wiegen so, la la la la la,
Will es im Himmel nicht besser verlangen.

Munter im Kreise. Bald sind verstummt
Brummbaß und Fiedel und Flöten.
Eh' uns der Werkeltag wieder umsummt,
Nur einen Walzer noch, la la la la la,
Warum unschuldige Höflichkeit töten.

Mutter, bevor sie den Vater nahm,
Hat es nicht anders getrieben.

Wenn nach der Arbeit der Sonntag kam,
Ach, einen Walzer nur, la la la la la la,
Und nun sollt' es die Tochter nicht lieben.

Taschen voll Lebenslust, Geld grad' genug,
Gilt noch ein Zaudern, ein Fragen?
Fangen wir heute die Freuden im Flug,
Nur einen Walzer noch, la la la la la la,
Morgen heißt's wieder sich placken und plagen.

Das mitleidige Mädel.

Trug mein Herz ich auf der Hand,
Wehte ein Wind her über's Land,
Weg war es.

Kam ein Mütterchen. Mit Verlaub,
Habt ihr mein Herz? Die Alte war taub,
Nickte nur.

Kam der Jäger, brummte was:
So ein Herz, was schert mich das,
Frag weiter.

Fragt ich die Wege auf und ab,
Keiner mein Herz mir wiedergab,
Weg war es.

Kam zuletzt des Hufschmieds Kind.
Mädel, sahst du kein Herz im Wind?
Lachte sie leis:

Hat's auch der Wind nicht, hast du doch keins,
Dauerst mich, Bub; da, nimm meins,
Aber halt's fest.

Die Verschmähte.

Komm ich längs der grünen Weide
Wo die kleinen Lämmer grasen,
Immer hör' ich mir zu Leide
Eine helle Flöte blasen.

Und da hockt er morgen munter
Auf umbuschten Erlensitze,
Bläst sein leichtes Lied herunter,
Sich, den Schafen und dem Spitze.

Geh ich zehnmal hin und wieder,
Wird er zehnmal mich nicht sehen;
Und doch leuchtet rot mein Mieder,
Und die hellen Röcke wehen.

Unerhörte Liebesnöte
Jeden Tag und jede Stunde,
Läg doch statt der dummen Flöte
Ich einmal an seinem Munde!

Doch er kann den Mund nur spitzen,
Wenn es gilt die Flöte blasen;
Nichts kann ihm das Blut erhitzen
Als wenn Lämmer abseits grasen.

Und in diesen Tölpel muß ich,
Dumme Liese, mich verkucken.
Ach, wie fühl noch seinen Kuß ich
Meine Lippen jucken!

Das Ständchen.

Acht Männer ſtehn im Kreiſe,
Was fällt den acht Männern ein?
Sie ſingen eine ſanfte Weiſe:
Es hat nicht ſollen ſein.
Doch der Teufel hol den Tenor.

Acht biedere Seifenſieder
Singen von Liebe und Mai,
Die alten ſchönen Lieder
Nach bekannter Melodei.
Doch der Teufel hol den Tenor.

Acht brave Bürger bringen
Ein Ständchen dem Klubkumpan,
Und will es nicht recht gelingen,
So hat es der Schnupfen getan.
Doch der Teufel hol den Tenor.

Der Teufel hol den Tenor ſich,
Den meckernden Ziegenbock.
Er hole den ganzen Chor ſich
Mit Hut und Rock und Stock.
Doch der Teufel ſieht ſich wohl vor.

Gute Nacht.

Das war der Junker Übermut,
Die Stirne frei, den schlappen Hut
Verwegen nur im Nacken;
Laut klirrten ihm die Hacken.

Das war die Jungfer züchtiglich,
Ging stets einher, als schämt sie sich,
Als könnt sie beim Spazieren,
Ihr Seelenheil verlieren.

Das war, das war, das ist, das ist,
Sein Rößlein ihren Hafer frißt,
Er sitzt zu ihren Füßen
Und muß im Garne büßen.

Draus wirkt sie ihm ein weiches Hemd,
Das macht ihn welt- und menschenfremd,
Der Rest, daß sie ihn nütze,
Der Rest giebt eine Mütze.

Was sagt er jetzt, Herr Übermut?
Schön gute Nacht und schlaf er gut!
Das Spiel hat er verloren,
Sein Weib gewann die Sporen.

Wir zwei.

Wir haben oft beim Wein gesessen
Und öfter beim Grog.
Beim Pfandverleiher lag indessen
Der Sonntagsrock.

Wir haben die lustigsten Mädelgeschichten
Ausgetauscht,
An Abenteuer und an Gedichten
Uns weidlich berauscht.

Wir haben, o je, von unsern Schulden
Uns vorgeklagt,
Vertranken dabei den letzten Gulden:
Nur nicht verzagt!

Wir haben uns immer zusammengefunden,
War's Wetter schlecht;
Und waren die gräulichen Wolken verschwunden.
Dann erst recht.

Wir sind zwei Kirschen an einem Stengel,
Ein Zwiegesang,
Ein Kanon, wie er von Bach bis Klengel
Noch keinem gelang.

Wir sind zwei Schelme. Wenn sie uns fangen,
Philistergericht,
Wir müssen an Einem Galgen hangen,
Sonst thun wir's nicht.

Nachtwandler.

Trommler, laß dein Kalbfell klingen,
Und Trompeter, blas darein,
Daß sie aus den Betten springen,
Mordio Michel, Mordio! schrei'n,
Tuut und trumm, tuut und trumm,
Zipfelmützen ringsherum.

Und so geh ich durch die hellen,
Mondeshellen Gassen hin,
Fröhlich zwischen zwei Mamsellen,
Wäscherin und Plätterin:
Links Luischen, rechts Marie,
Und voran die Musici.

Aber sind wir bei dem Hause,
Das ich euch bezeichnet hab,

Macht gefälligſt eine Pauſe,
Und ſeid ſchweigſam wie das Grab!
Scht und hm, ſcht und hm,
Sachte um das Haus herum.

Meine heftige Henriette
Wohnt in dieſem kleinen Haus,
Lärmen die wir aus dem Bette,
Kratzt ſie uns die Augen aus.
Scht und hm, ſcht und hm,
Sachte um das Haus herum.

Luſtig wieder Muſikanten!
Die Gefahr droht nun nicht mehr;
Trommelt alle alten Tanten.
Wieder an die Fenſter her!
Tuut und trumm, tuut und trumm,
Zipfelmützen ringsherum.

Ja, ſo geh ich durch die hellen,
Mondeshellen Gaſſen hin,
Fröhlich zwiſchen zwei Mamſellen,
Wäſcherin und Plätterin:
Links Luischen, rechts Marie,
Und voran die Muſici.

Zwanzig Mark.

Herr Wirt, heut' hab' ich zwei Zehner im Sack,
Dafür kann ich den König nicht kaufen,
Und könnt ich ihn kaufen, zwei Zehner im Sack,
Den König mit Krone und Orden und Frack,
Ich lachte und ließ ihn laufen.
Zwei goldene Zehner macht zwanzig Mark,
Ja, zwanzig Mark,
Und die, die will ich versaufen!

Und hier auf dem Tisch, heraus aus dem Sack,
Wie köstlich das klimpert und klappert!
Zwei goldene Zehner heraus aus dem Sack,
Zwei silberne Flaschen, herunter den Lack,
Kein Tröppchen werde verlappert.
Zwei goldene Zehner macht zwanzig Mark,
Ja, zwanzig Mark,
Doch vor allem, Herr Wirt, nicht geplappert.

Denn hört es ein Dritter, zwei Zehner im Sack,
Die Stadt gleich wird es durchlaufen,
Der Schneider, der Schuster, zwei Zehner im Sack,
Die Wirtin, die Waschfrau, o Weiberschnack,

Sie kommen und zetern in Haufen:
Zwei goldene Zehner macht zwanzig Mark,
Ja, zwanzig Mark,
Und die, die will er versaufen!

Und darum, Herr Wirt, zwei Zehner im Sack,
Was rund ist, was rund ist, muß laufen,
So lauf denn, mein Freund, zwei Zehner im Sack,
Ja, tummel dich, hurtig! zwei Zehner im Sack,
Zwei „Wittwen“ will ich mir kaufen.
Zwei goldene Zehner macht zwanzig Mark,
Ja, zwanzig Mark,
Und die, die will ich versaufen!

Ich hatt' einmal.

Ich hatt' einmal ein Schätzchen zu Haus.
Ei, war das schön!
Das führt' ich des Sonntags zum Tanz hinaus,
Ei, war das schön!
Da hat sie einmal einen andern gesehn,
Lachte mich aus und ließ mich stehn.
Das war nicht schön!

Ich hatt' einmal ein Pferd im Stall,
Ei, war das schön!
Ritt wie ein Generalfeldmarschall,
Ei, war das schön!
Da warf es mich in den Straßengrab'n,
Lachten die Mädchen, lachten die Knab'n,
Das war nicht schön!

Ich hatt' einmal ein Geld im Sack,
Ei, war das schön!
Lief alle Tage im Freudenfrack,
Ei, war das schön!
Da ist das Geld mal alle geword'n,
Da steckten sie mich in den Bettelord'n,
Das war nicht schön!

Lebensläufe.

Drei kleine Knaben
Hüteten die Gänse,
Hatt' jeder seine Gaben,
Und wurden große Hänse.

Einer ward ein Schneider,
Der hatte zehn Gesellen,
Dem König macht er Kleider,
Dem Narren eins mit Schellen.

Der andre nahm 'ne Pfarre,
Wusch allem Volk die Köpfe,
Der Herr lohnt ihm die Quarre,
Und füllt ihm Tasch' und Töpfe.

Der Dritte ward ein Schreiber,
Hat schöne Lieder gesungen,
Die Kinder und die Weiber
Sind um ihn hergesprungen.

Der Schneider kriegt 'nen Orden,
Der Pfarrer kriegt die Gicht,
Der Schreiber ist verdorben,
Wo, weiß man nicht.

Auf dem Maskenball.

Die Geigen girren leise,
Die Flöten flüstern so fein,
Die Masken dreh'n sich im Kreise,
Plump fährt die Pauke drein.

Die Bläser blähen die Backen,
Das Bombardon poltert wie wild,
Da dreht sich auf zierlichsten Hacken
Auf einmal das zierlichste Bild.

Ein Seufzer der Klarinette,
Ein zärtliches Ach der Obo;
Tanze mit mir, Pierette!
— Kein Füßchen tanzte je so.

Die Geigen girren leise,
Die Flöten flüstern so fein,
Die Masken dreh'n sich im Kreise,
Ein Pfropfenknall fährt drein.

Die Bläser blähen die Backen,
Das Bombardon winselt wie wund.
Den Arm um den reizendsten Nacken.
Such ich den reizendsten Mund.

Ein Seufzer der Klarinette.
Ein zärtliches Ach der Obo:
Küsse mich Pierette!
— Kein Mündchen küßte je so.

Lockung.

Schönes Kind von fünfzehn Jahren,
Gertenschlank, mit blonden Zöpfen,
Mit dem Strickstrumpf vor den Töpfen,
Ach, was läßt sich da erfahren?
Mußt mit hellen Augen schau'n
Übern Zaun.

Hast du über'n Zaun gesehen,
Gertenschlank, mit blonden Zöpfen,
Mit dem Strickstrumpf vor den Töpfen.
Magst du denn nicht länger stehen.
Ist im Zaun kein Pförtchen drin?
Sieh doch hin.

Zaun und Pförtchen erst im Rücken,
Schönes Kind von fünfzehn Jahren,

Ach, was wirst du da erfahren!
Kann das Leben so beglücken?
Wieviel Glanz und Herrlichkeit
Weit und breit.

Gertenschlank, mit blonden Zöpfen,
Wirst nicht lang alleine bleiben,
Und wie anders ist solch Treiben,
Als das Stricken vor den Töpfen.
Ist im Zaun kein Pförtchen drin?
Sieh doch hin!

Schönes Kind von fünfzehn Jahren,
Durch den Garten katzenleise
Machst du bald dich auf die Reise.
Darin bin ich schon erfahren.
Klirrt der Riegel? — Siehst du! da
Bist du ja.

Ludwig Finckh

Marlette.

Deinen Schleier leg' an, Marlette!
Da blitzen für den Beschauer
Deine stahlblauen Augen
Noch tausendmal blauer —
Les fleurs sont tes soeurs, Marlette!

Deinen weißen Schleier leg' um
Mit den schwarzen Tupfen —
Braucht nicht jeder Schmetterling
An der schönsten Blüte zu zupfen ...
Les fleurs sont tes soeurs, Marlette!

Deinen Schleier leg' um, Marlette,
Die Sonne will dich brennen.
Ah — Vandalen!
Ich kann die Sonnenstrahlen
Nicht anders nennen ...
Les fleurs sont tes soeurs, sont tes soeurs!

Dorlille.

Dorlille, ma fille, petite beauté,
Je suis trop loin de ton côté,
Du bist so schön, du bist mir so fern,
Wie von der Erde ein silberner Stern;
Du Flamme, Rubin — Sonne du kleine,
Strahle mich an, funkle, scheine,
Leuchte, bezauberndste maréchal Niel,
Die je — unter meiner Scheere fiel . . .
Dorlille, Doréla.

Dorlille, ma fille, ma reine,
Ton gand c'est ta maine,
Deinen Handschuh, ein läppisch Fohlen —
Verzeih', ich hab' ihn dir gestohlen,
Und in einsamen herzsüßen Stunden
Blas' ich hinein, lass' ihn sich runden,
Drück' tausend Küsse darauf — comme ça —
Dorlille, Doréla.

Heckröschen.

Zwei Rosa-Heckeröschen
Stehen im Busch am Rain,
Sonndurstig — ach, ohne Höschen —
Wartet, ihr Balleteuschen,
Ihr leichten Mägdulein!

Es kommt ein Bursch gegangen,
Singen und Lachen im Blut —
Ein Griff, ein holdes Prangen —
Sasa, da seid ihr gefangen
Und tanzt auf seinen Hut.

Und müßt zwei lose Stunden
Ihm tanzen euern pas,
Bis die Sonne weiter unten
Und er eine Rose gefunden ...
Heckröschen — was sagt ihr da?

Der traurige Page.

Nun liegen dürre Blätter
Im Park auf allen Bänken.
Was soll ich armer Page
Der schönen Fraue schenken?
Wird morgen sein zwanzig Jahr . . .
Nun reg' dich Vagabund —
Ich streu' dir Blumen ins Haar
Und küss' deinen roten Mund.

Und werf' mich unten im Garten
Vom Felsen in den See.
Da thun keine Dorne
Und keine Wunden mehr weh.
Nur Seerosen blühen
Leis auf aus den Fluten,
Grüßen dich und neigen sich,
Als wenn sie stille bluten . . .

Gefangen.

Ich hab' einmal ein Lied vernommen,
Leise klingklarei,
Es ist aus einem Mund gekommen,
Aus einem roten, jungen, frommen,
Leise klingklarei.

Der Mund war frisch und ungelehrt,
Leise klingklarei,
Er hat wohl einem Kind gehört,
Das hat mich ach so süß bethört,
Leise klingklarei.

Ich flog um seine frohen Wangen,
Leise klingklarei, —
Und war noch nicht viel Zeit vergangen,
Da war ich alter Tropf gefangen,
Leise klingklarei.

Links und rechts und Wende.

Ihr Faltermädchen, wohin, wohin?
Hinterm Wald ist die Welt zu Ende.
Wir wollen spielen und flatterhaft sein
Und tanzen einen lieben Reihn —
Links und rechts und Wende.

Du Braune mit dem weißen Streif,
So komm mit mir in die Halme.
Hast einen Sammetmantel an,
Wie man ihn selten sehen kann —
Husch — aus dem Blütenqualme!

Und du, schön schwarzes Lieselchen
Mit deinem jungschlanken Leibe.
Du trägst einen Seiderock von Grün,
Aus welchem Pluderhöschen blühn —
Husch — und unter die schattige Eibe!

Die Welt ist voll von Gold und Licht
Und voll von Sonnenblende —
Wir wollen spielen und flatterhaft sein
Und tanzen einen lieben Reihn —
Links und rechts und Wende.

Der arme Narr.

I.

Junker Frauenlob, wollt ihr einen Degen?
Könnt ihn über die Saiten legen.
Spielt ein Liedel — schont eure zarten Lungen —
Knips — sind die Saiten gesprungen.
  G—a—d—e, ade,
  Saiten thun weh,
Saiten und Schneiden thun weh — g—a—d—e.

Junker Frauenlob, purre knix plautz —
Ihr seid ein komischer Kauz —
Habt ein Bärtlein von Haaren schwarz,
Ziehet es aus mit einem Tropfen Harz . . .
  Prrrr — ho wird das lang,
  Kling klang — g—a—d—e,
Scheiden thut weh — der Daus!

II.

Gegrüßt, schöne Frau!
O, mich beißt mein böser Zahn . . .
Frauenlob hat einen Stulpen an!
Einen Stulpen von vlämischem Leder fein —
Ho — will Frauenlob ein Junker sein?
      Hahaha.

Gegrüßt, schöne Frau!
O mein Bäuchlein wird fett —
Und Frauenlob hat ein nickend Barett!
Ein Barett und ein Sträußel Rosmarein —
Ho — will Frauenlob ein Bräutigam sein?
Hahaha
— Mich beißt mein böser Zahn.

O du Schwarze du.

Wo träum' ich dich, Stolze, Schöne?
Burgwarts Tochter. Und ich dein Ritter.
Und ich werfe mit vollen Händen
Über dunkle Haare und schlanke Lenden
Viel bunten papierenen Flitter —
O du Schwarze du.

Du hast einen Schuh von Saffian an
Und einen Strumpf von weißer Seide,
Und die farbigen Pünktchen von Papier
Flattern und rieseln herunter an dir
Und du lachst vor Freude —
O du Schwarze du.

Und ein neugieriger roter Bösewicht,
So ein papierener Balder,
Drängt sich in deinen kleinen Schuh —
Da geht er heut abend mit dir zur Ruh —
— Wär' ich der kleine Falter —
O du Schwarze du.

Lied.

O du — um einen leisen Blick von dir
Werd' ich ein Sänger und Frauenlober,
Meine Laute erzittert am Bandelier,
Und springt ein roter Ton herfür,
Hell wie Zinnober:
Fraue du, du Süße.

Ein Lied so neu, ein Lied so alt,
Wie der Blütenschnee unter den Büschen —
Aber du — schön, hochmütig und kalt — —
Nur deine Hand zur Faust geballt —
Und der Rotdorn schimmert in Rüschen ...
Fraue du, du Süße.

Flucht.

Was braucht die Fürstin von Glofant
Einen verlumpten Sänger?
Mein Wams ist mitten verbrannt. —
Teisaratand!
So werf' ich mich ins Sommerland
Und werd' Maulwurfsfänger!

Mein Wams hat Feuer gefangen
An der Lohe darunter —
Bluthauchene weiße Wangen —
Es ist mir fluderbunt ergangen
Und wird noch bunter.

O der sanften duftbeschneiten
Wangen von Blut und Milch! —
Fort mit dem Kittel von Seiden!
Ich will über mich breiten
Einen kirschfarbenen Zwilch.

Und einen kupferfarbenen Flecken.
Liegt mein Herz in der Hand,

Und klingt ein Lied auf dem Mund, dem
kecken,
Teifaratand!
So schneid' ich mir einen grünen Stecken
Und fahr' ins Land!

Sein Lied.

Es war ein Knabe und war ein Kind . . .
Um leichte Locken spielte der Wind
Und um die bloßen Füße.
Es war ein Page, und der war jung —
Seine Stimme so hell erklung:
Fraue du, du Süße.

Er war ein Sänger von heißem Blut
Und träumte, wie heiße Liebe thut
Und wie sie ihn durchfließe.
Er mußte lassen das liebe Land —
Ein Lied auf seinem Munde stand:
Fraue du, du Süße.

Sein Herz war leicht, sein Herz war schwer.
Er starb. Und wenn ihn Gott der Herr
Noch einmal leben ließe —
Sein Leben fing' er von vorne an —
Und war ein Mann —
Fraue du, du Süße . . .

Alfred Walter Heymel

Der Dichter singt zu Anfang.

Mir soll die Freundschaft heilig sein
  Und Liebe ein Gebet.
Euch süßen Frauen will ich ein
Getreuer Knecht und Liebling sein
  Solang mein Atem lebt.

Ich trete in den Tempel ein
  So stolz und leicht erbaut.
Der Aphrodite ganz allein
Will ich ein frommer Priester sein
  Bis schwarzes Haar ergraut.

Und muß es dann gestorben sein,
  Bringt mir das letzte Mahl,
Bringt Lichter, Rosen, klaren Wein,
Mein Leben soll genommen sein
  Von Lippen fein und schmal.

Die jungen Leute ſingen.

Wir ſind jung und das iſt ſchön;
Sprach der junge Goethe.
Soll der Spruch uns neu erſteh'n!
Geige her und Flöte!
Wir ſind jung und das iſt ſchön.

Roſen brachen wir vom Strauch,
Zweige zu Guirlanden,
Die nach altem Schäferbrauch
Unſre Mädchen wanden. —
Sie ſind jung und das iſt ſchön.

Süßer Weine Mancherlei
Rötet unſre Wangen;
Singen, flüſtern, zwei und zwei,
Zärtliches Verlangen. —
Ich bin jung und das iſt ſchön.

Tanz, Im-Garten-ſich-ergeh'n;
Bitte, Kampf, Erliegen.
Kuß um Kuß. — Wer hat's geſehn?
Amors Pfeile fliegen. —
Er iſt jung und das iſt ſchön.

Lassen nun sich Träume sehn,
Stumm sind Geig' und Flöte. —
Mög' uns allen es ergehn,
Wie dem jungen Goethe:
Er ward alt und das ist schön.

Die Ausgelassenen singen.

Saharet ist unsre Muse.
Uns begleiten alle Zeit
Übermut, der Kammerdiener
Und die Zofe, Heiterkeit
Saharet ist unsre Muse.

Wenn du tanzt, du Zauberin,
Sind uns enge Räume weit,
Wie ein königlicher Garten,
Lustbarkeiten weit und breit.
Mach' uns fröhlich, Zauberin.

Saharet ist unsre Muse,
Und ihr Kind ist Munterkeit.

Spielen wir mit ihm, wie Kinder,
Flieh'n die Bürger Neid und Leid.
Sabaret ist unsre Muse.

Der Übermütige singt.

Ein Liedersänger will ich sein,
Mit Federhut und Degen;
Das Auge hell und schnell das Bein,
Und in die holden Jungfräulein
Verschossen allerwegen.

Der Degen soll zum Raufen sein,
Das Pack soll sich entsetzen.
Mein Auge liebt den Sonnenschein,
Und auf mein schlankes rechtes Bein
Soll sich mein Mädel setzen.

Ich schwenk den Hut und zieh allein,
Süß sing' ich für die Spatzen.
Man lädt mich ein, man schenkt mir ein
So will ich auf der Fiedel fein
Den Feinen gräulich kratzen.

Der Verliebte singt.

Ein Verliebter bin ich wieder,
Darum, liebes Herzchen, sing
Tausend leichte Liebeslieder:
Liebe ist ein leichtes Ding. —
Ein Verliebter bin ich wieder.

Liebe ist ein leichtes Ding,
Kommt in veilchenblauem Wagen,
Glockenspiele, Klinglingling:
Ich will ihre Schleppe tragen. —
Liebe ist ein leichtes Ding.

Ich will ihre Schleppe tragen.
War ich Page zärtlich fein,
Darf ich in dem Liebeswagen
Ihr für heute nahe sein. —
Ich will ihre Schleppe tragen.

Ihr für heute nahe sein!
Wie soll ich dem Glücke danken?
War sie nur für heute mein,
Werden morgen die Gedanken
Und für immer bei ihr sein.

Der Verschmähte singt.

Auf einem roten Kanapee
Verschlaf' ich all mein Liebesweh.
Das Kanapee ist feuerrot;
Drauf schlaf' ich meine Liebe tot.
O weh! Juchhe! O weh!

Verschlafen wär bald Liebesweh,
Wenn man nur nicht im Traume säh
Die eine, die man möchte,
Die Böse, Schöne, Schlechte.
O weh! Juchhe! O weh!

Nun träum ich auf dem Kanapee
Vom weißen Hals und Nackenschnee,
Von langem, rotem, goldnem Haar
Und schlafe schon ein ganzes Jahr.
O weh! Juchhe! O weh!

Der Beglückte singt.

Der Gott der Liebesraserei,
Der hat ein schönes Schloß.
Drin sind von Spiegeln Säle drei:
Komm! Sei mein Tanzgenoß.

Wir sitzen in dem ersten Saal
An einem goldnen Tisch.
Drauf steht ein duftend Liebesmahl,
Wein, Früchte, Fleisch und Fisch.

Wir drehn uns durch den zweiten Saal;
Der strahlt in rotem Glanz. —
Wir sehn uns tanzen tausendmal
Den heißen Liebestanz.

Wir küssen uns im letzten Saal;
Der ist so kissenweich.
Dort thront die süße Liebesqual,
Den Göttern sind wir gleich.

Der Gott der Liebesraserei
Der hat ein schönes Schloß.
Drin sind von Spiegeln Säle drei:
Komm! Sei mein Tanzgenoß. —

Eislauf.

Schlittschuh! Gleitschuh!
Sause wie ein Sausewind,
Führ mich schnell zum schönen Kind.
Schlittschuh! Gleitschuh!
Ei, da steht das liebe Kind!

Schlittschuh! Gleitschuh!
Still! ich halt sie in den Armen,
Still! jetzt kenn ich kein Erbarmen. —
Schlittschuh! Gleitschuh!
Ei, wie süß die Küsse sind!

Schlittschuh! Gleitschuh!
Hörst du wie die Küsse schallen? —
Bums! da sind wir hingefallen,
Schlittschuh! Gleitschuh!
Pfui, du dummer Sausewind!

Reiterlied.

Mein Pferd ist gut beschlagen,
Kann schnell durchs Land mich tragen.
Viel Trab und Galopp und wenig Schritt,
So halten mit dem Glück wir Tritt.

Gilt nur ein keckes Wagen. —
Mein Pferd ist gut beschlagen.

Mein Pferd ist gut beschlagen.
Kann wie der Sturmwind jagen.
Nun strecke den Leib, nun lauf davon!
Ich hör des Unglücks Peitsche schon:
Das soll uns nicht erjagen. —
Mein Pferd ist gut beschlagen.

Mein Pferd ist gut beschlagen,
Kann schöne Frauen tragen.
Jetzt halte an und halte still,
Da ich die schönste rauben will!
Doch heimwärts mußt du jagen. —
Mein Pferd ist gut beschlagen.

Bestellung.

Tischler, Tischler, mach er mir
Tische, Stühle, Bank und Thür,
Hoble er den Boden glatt,
Laß kein Loch für Maus und Ratt.

Hat er dies getischlert nett,
Mach er mir zuletzt ein Bett,
Mach er's mir besonders schön
Soll mein Schatz drin schlafen gehn.

Mach keinen Spektakel.

Tiefblau die Augen, Grübchen im Kinn,
Küßliche Lippen so winzig klein.
Mädel! kommst du mir nie aus dem Sinn?
Lieb dich noch mehr, als im Goldglas den Wein.

Mädel, Mädel, ja das will was heißen,
Wenn ich den Roten, wenn ich den Weißen,
Wenn ich den Rheinwein, Tokayer, Burgunder,
Bei dir vergesse, das nenn ich ein Wunder,
Wahrlich, das nenn ich ein Gottesmirakel,
Mädel, ich küß dich! — mach keinen Spektakel.

:/:Tiefblau die Augen, Grübchen im Kinn,
Küßliche Lippen so winzig klein.
Mädel! kommst du mir nie aus dem Sinn?
Lieb dich noch mehr, als im Goldglas den Wein.:/:

So ſoll es ſein.

Malaga und Malvaſier,
Süßen, heißen Wein,
Trinken alle Tage wir:
So ſoll es ſein.

Junges Volk und Sonnenſchein,
Bunter Strauß und Kranz.
Fliehen, Greifen, Ringelreihn,
Schritt, Schwung und Tanz.

Hände los! Die Wieſen hin!
Laube wird Palaſt,
Drinnen ich ein König bin:
Du, ſei mein Gaſt.

Küſſe werden nicht gezählt,
Liebe lädt uns ein.
Jugend iſt nun jung vermählt!
So ſoll es ſein! —

Kater.

Rumplumplumplum,
Rumplumplumplum,
Mir plumpt ein Backstein im Kopf herum,
Rumplum!
Au au au au!
Verfluchtes Gebau,
Vertrakter Diskant
In der Schädelwand!
Es zieht und sägt,
Im Magen regt
Ein Kobold das Messer;
Und wird's nicht besser,
So schieß ich mich tot.
Herr, sieh meine Not!
Schnei Heringssalat!
Will früh auch und spat
Dich loben alsdann
Als gläubiger Mann.
Rumplumplumplump —
Auauau —
Rumplum.

Auf eine Excentrictänzerin.

Tidlidei! Tidlidei!
Ei, verfluchte Hopserei!
Ei, verfluchter Niggertanz,
Der du mich verwirrest ganz;
Ei, verfluchter Tanz der Miss,
Der die Ruhe mir zerriß!
Tidlidei! Tidlidei!
Tidli- Tidli- Tidlidei!

Tidlidei! Tidlidei!
Ei, verfluchte Melodei!
Muß dich immerfort nun singen,
Muß nach deinen Takten springen,
Springen, tanzen, hopsen, drehn,
Kann nun nimmer stille stehn.
Tidlidei! Tidlidei!
Tidli- Tidli- Tidlidei!

Tidlidei! Tidlidei!
Ei, verfluchte Singerei!
Muß nun immer an dich denken,
Mich in ihren Tanz versenken. —

Sei verflucht Excentric-Miss!
Still, mein Herz, vergiß, vergiß!
Tidlidei! Tidlidei!
Tidli- Tidli- Tidlidei!

Auf eine Serpentinetänzerin.

Muse tanzt im Kreis herum,
Daß die Wangen glühen.
Tanzt die dummen Sorgen um,
Daß sie heulend stieben.

Schleierkleid und goldne Schuh,
Seidenwellen fließen.
Farbenstrudel immerzu,
Grellstes Lichtergießen.

Tänzerin mit schlankem Leib —
Brüste zum Entzücken —
Komm, und laß als nacktes Weib
Fest dich an mich drücken.

Tanzen wir im Kreis herum,
Daß die Wangen glühen.
Tanzen alle Sorgen um,
Daß sie heulend fliehen!

Die Sünde.

Lache laut, mein Jüngelchen,
Dich nur küßt mein Züngelchen.
Lache laut!
Küßt dich heut mein Züngelchen rot,
Stirbst du morgen schönen Tod.
Weine nicht!

Dein giftiger Leib fault nicht im Grab,
Stracks fährst du mit zur Höll' hinab.
Dort ist nicht Furcht noch Beben,
Wir werden lustig leben.
Freue dich!

Von tausend Hexen, blühend schön,
Wirst du die weißen Leiber sehn.
Berühren darfst du keine,
Ich bin und bleib die deine.
Staune nur!

Wir tragen dort zu aller Zeit,
Ein weites, dünnes Flammenkleid,
Das loht in allen Farben
Für die, die durch uns starben.
Fürcht dich nicht!

Bald ist um dich tiefschwarze Nacht. —
Jetzt wird der Vorhang aufgemacht.
Sieh Hexenwirbelreigen
Wird wilde Schönheit zeigen.
Paß nur auf!

Um Leibespracht ein Flammenmeer,
Ein Wiegen, Lohen hin und her.
Es jauchzen tausend Geigen
Die Melodie zum Reigen.
Hör nur zu!

O sieh die Glieder schlank im Tanz,
Hier weiß, hier rot, dort grünen Glanz!
Es sprühn um Arm und Beine
Die Funken, Edelsteine.
Gieb fein Acht!

Ein Flammenspiel. Es glimmt und glüht,
Es knistert, blitzt. zerplatzt und sprüht.

Es züngeln Feuerschlangen,
Dich liebend zu umfangen.
Graust dir schon?

Schon reißt es in die Mitte dich.
Du greifst nach Halt. Ich fasse dich.
Komm! Tanzen wir zusammen,
Dir werden Kleider Flammen.
Tanz mit mir!

Hei! Taumeltanz! Wird dir schon schwül?
Fühl meine Glieder, die sind kühl.
Sie, die dort oben brannten,
Die liebeheiß sich nannten.
Schreie nicht!

Ich küsse dich. Du, küsse mich!
Die Flammen küssen mich und dich.
Kalt beben sich die Brüste,
Ein Glutmeer sonst der Lüste.
Küsse sie!

Den armen Jungen friert so sehr.
Ihr hundert Flammen um uns her,
Sollt heiße Zungen blecken
Und gierig ihn belecken.
Friert dich noch?

So mußt du tanzen jeden Tag,
So oft ich will, so lang ich mag.
Dein Wimmern hör ich gerne,
Siehst du mich nur von ferne.
Wehe dir!

Lache laut mein Jüngelchen,
Dich nur küßt mein Züngelchen.
Lache laut!
Küßt dich heut mein Züngelchen rot,
Stirbst du morgen bösen Tod, —
Weine nicht!

Spleen.

Heut Nacht
Bin ich von einem Mondstrahl aufgewacht.
Der kam wie eine Schnecke übers Bett ge-
krochen.
Hu! lief da durch all meine Knöchlein und
Knochen
Ein Schauder, als hätt' ich Verwesung gerochen!
Und mein bischen Verstand

Kam aus Rand und Band;
Und mein Hirn wär fast vor Entsetzen verbrannt.
Erst wollt' ich die Mondfrau erwürgen und morden,
Dann bin ich schrecklich lustig geworden
Und versprach ihr einen Hosenbandorden
Fürs Spitzenböschen wegen persönlichem Fleiß
Im Wachen,
Und wollte mich über den Witz totlachen.
Sie hat dazu grinsend und bleich gelacht
Heut Nacht.

Heut Nacht
Bin ich von einem Mondstrahl aufgewacht.
Der kroch mir über Mund und Nase,
Ich sah es im Spiegel.
Ich dachte, dich werd' in kupfernem Tiegel
Kochen und dann aus geschliffenem Glase
Als Mondmilch trinken. Gut wird das schmecken,
Wird glatt die Kehle hinunterglitschen
Wie Austern und Schnecken.
Nur glaub' ich, mein schwacher Magen,
Kann solche Absonderlichkeit nicht vertragen.

Fort, fort, ich mag nicht. Ich fang' an zu
weinen.
Als ich so zu schreien angefangen
Ist die Mondfrau ärgerlich fortgegangen.
Sonst hätt' ich mich auch an beiden Beinen
Stracks aufgehängt.
Wie hätte die Mondfrau dann greulich gelacht
Heut Nacht.

Nimmersatt.

Bin ein echtes Sonntagskind,
Kenn nicht Reu noch Sünden,
Weiß nicht, wo die Eltern sind,
Glaub in Höllenschlünden.
Hei, hei, hei Juchhei,
Kenn nicht Sünde, kenn nicht Reu.

Vater war ein Fiedelmann,
Mutter längst verschollen.
Frei auf weitem Erdenplan
Darf ich lustig tollen.
Hei, hei, hei Juchhei,
Bin ich denn nicht vogelfrei?

Weiß verborgner Schätze Gold
Tief im Leib der Berge,
Und es stehen mir im Sold
Viele tausend Zwerge.
Hei, hei, hei Juchhei,
Alle Zwerge kommt herbei!

Ist mir doch kein König gleich,
Gold in großen Haufen
Und die Welt mein Königreich
Kann's nicht mal durchlaufen.
Hei, hei, hei Juchhei,
Lief mir keiner noch vorbei!

Und die Nix mit goldnem Haar
Ist mein süßes Liebchen,
Küßt nur mich, und das ist wahr
Und kein andres Bübchen.
Hei, hei, hei Juchhei,
Küß mich Nixchen, eins, zwei, drei!

Meine Muhme, eine Fee,
Gab als Angebinde,
Mir dies Ringlein: „Bannmeinweh"

Daß das Glück ich binde.
Hei, hei, hei Juchhei!
Ringlein, Ringlein, eins, zwei, drei!

Wie ich dort die Wolken seh,
Wein' zum Stein erweichen,
Ach so viel den Ring ich dreh,
Darf sie nicht erreichen.
Hei, hei, hei Juchhei,
O du bitterböse Fei!

Und bekomm ich Flügel nicht,
Nun so will ich sterben.
Mag denn ein bescheidner Wicht
Ring und Nixchen erben.
Hei, hei, hei Juchhei,
Knax! — da brach der Ring entzwei

Der Dichter singt zum Schluß.

Himmelbimmelsakra,
Das ist 'ne Schweinerei,
Nun hab ich dreißig Hühner
Und keines legt ein Ei.

Himmelbimmelsakra,
Der Mai ist bald vorbei.
Er brachte mir kein Küßchen,
Nicht mal drei.

Himmelbimmelsakra,
Mein Lied ist schon vorbei,
Es ist zwar eitel Blödsinn,
Doch hat's der Verse drei.

Arno Holz

So Einer war auch Er!

Liegt ein Dörflein mitten im Walde,
Überdeckt vom Sonnenschein,
Und vor dem letzten Haus an der Halde
Sitzt ein steinalt Mütterlein.
Sie läßt den Faden gleiten
Und Spinnrad Spinnrad sein
Und denkt an die alten Zeiten
Und nickt und schlummert ein.

Heimlich schleicht sich die Mittagsstille
Durch das flimmernde, grüne Revier;
Alles schläft, selbst Drossel und Grille
Und vorm Pflug der müde Stier.
Da plötzlich kommt es gezogen
Blitzend den Wald entlang
Und vor ihm hergeflogen
Trommel- und Pfeifenklang.

Und in das Lied vom alten Blücher
Jauchzen die Dörfler: Sie sind da!
Und die Mädels schwenken die Tücher
Und die Jungens rufen: Hurrah!
Gott schütze die goldnen Saaten,
Dazu die weite Welt;
Des Kaisers junge Soldaten
Ziehn wieder ins grüne Feld!

Sieh, schon schwenken sie um die Halde,
Wo das letzte der Häuschen lacht!
Schon verschwinden die ersten im Walde
Und das Mütterchen ist erwacht.
Versunken in tiefes Sinnen,
Wird ihr das Herz so schwer
Und ihre Thränen rinnen:
„So Einer war auch Er!“

Nachtstück.

Längst fiel von den Bäumen
Das letzte Blatt,
In Schlaf und Träumen
Liegt nun die Stadt;

Die Fenster verdunkeln
Sich Haus an Haus
Und drüberhin funkeln
Die Sterne sich aus;
Kalt weht es vom Strom her,
Der Eisgang kracht,
Und drüben vom Dom her
Dröhnts Mitternacht.
Ich aber schleppe mich zitternd nach Haus,
Der Nordwind bläst die Laternen aus!

Was halfs, daß ich klagend
Die Gassen durchlief
Und mitleidverzagend
„Hier Rosen!" ausrief?
„Hier Rosen, o Rosen!
Wer kauft einen Strauß?"
Doch die Herren Studiosen
Lachten mich aus!
Und keiner, keiner ....
Daß Gott erbarm!
O unsereiner
Ist gar zu arm!

Mir wanken die Kniee, mein Herzblut gerinnt —
O Gott, mein Kind, mein armes Kind!

In stockdunkler Kammer,
Verhungert, vertiert!
Schon packt mich der Jammer:
„Ach Muttchen, mich friert!
Ach bitte, bitte
Ein Stückchen Brot!"
Mir ist es, als litte
Ich gleich den Tod!
Mir ist es, als müßte
Ich schreien: „Fluch!"
O daß ich dich küßte
Durchs Leichentuch!
Dann wär es vorbei, und sie scharrten dich ein,
Und ich trüg es allein, o Gott, allein!

Im Volkston.

Das Scheiden, ach das Scheiden,
Wer hat das nur erdacht,
Und ein so schweres Leiden
Mir übers Herz gebracht?

Und wärs ein Kräutelein,
Ich nähm mein Messerlein,
Ich wollte flink zerschneiden
Die bösen Würzelein.

Ich hörte von den Weiben
Herzliebe und Herzleid,
Wo Herzelieb mag bleiben,
Ist Herzeleid nicht weit.
Herzliebe war uns hold
Und flugs kam angetrollt,
Die Schwester zu vertreiben,
Herzleide, die ihr grollt.

Aus Thor und Turm und Mauern
Zieh ich hinab ins Thal
Und blicke noch in Trauern
Zurück zum letzten Mal.
Horch, wie die Winde gehn,
Schau, wie die Blätter wehn —
Ach Gott, wie lang wirds dauern.
Bis wir uns wiedersehn!

Märchen.

Jüngst sah ich den Wind,
Das himmlische Kind,
Als ich träumend im Walde gelegen,
Und hinter ihm schritt
Mit trippelndem Tritt
Sein Bruder, der Sommerregen.

In den Wipfeln da gings
Nach rechts und nach links,
Als wiegte der Wind sich im Bettchen;
Und sein Brüderchen sang:
Di Binke di Bank
Und schlüpfte von Blättchen zu Blättchen.

Weiß selbst nicht, wie's kam,
Gar zu wundersam
Es regnete, tropfte und rauschte,
Daß ich selber ein Kind,
Wie Regen und Wind,
Das Spielen der beiden belauschte.

Dann wurde es Nacht,
Und eh ichs gedacht,

Waren fort, die das Märchen mir schufen.
Ihr Mütterlein
Hatte sie fein
Hinauf in den Himmel gerufen!

Trinklied.

Schenk ein, liebe Sonne, dein Licht, dein Licht,
Ich will es trinken wie Wein, [kriegt,
Und wenn mich mein Herz dann zu packen
Dann werden wir beide betrunken sein!

Dann dreht die Welt sich rund um uns rum
Und die Nachtigall singt wie ein Buch:
Wie ist doch der Hansel so dumm, so dumm,
Und die Gretel so klug, so klug!

In der Sonnengasse.

In der Sonnengasse zu Sankt Goar,
Da kämmt sich die Resi ihr schwarzes Haar,
Sie lacht in den Spiegel verstohlenen Blicks,
Silbern über ihrem Bett hängt ein Cruzifix,

Ihr Pantöffelchen klappert, ihr Schnürleib kracht:
Heute Nacht!! Heute Nacht!!

In der Sonnengasse zu Sankt Goar,
Da wohnt ihr schrägüber ein junger Scholar,
Der pfropft sich in den Schädel lauter dummes Zeug,
Schwarz auf seinem Pult liegt der Pentateuch;
Da streift ihn die Sonne und sein Leder kracht:
Heute Nacht!! Heute Nacht!!

Frühling.

1.

Die Ammer flötet tief im Grund,
Der Frühling blüht mein Herz gesund.

Über die Augen halt ich die Hand,
Schimmernd liegt vor mir das Land.

Schimmernd wie ein goldener Rauch,
Über allen Dingen liegt ein Hauch.

So still, so sonnig hängt die Luft,
Über die ganze Welt webt Veilchenduft.

Über die ganze Welt ungesehn
Leise, leise Sonntagsglocken gehn.

Die Ammer flötet tief im Grund,
Der Frühling blüht mein Herz gesund.

2.

Auf der grünen Hallelujawiese
Geht es jetzt zu wie im Paradiese.

Da glänzt der Himmel aus blauer Seide
Mit Lämmerwölkchen weiß wie Kreide.

Und aus den Blumen pardautz in die Wurzeln
Hunderttausend kleine Engelchen purzeln.

Die Welt ist groß, was ist dabei,
Habermus und Kindergeschrei.

Schnell die Patschhand, schlingt den Tanz,
Ringelringelrosenkranz!

3.

Und mitten, mitten in all dem Lenze,
Da steht meine Liebste und flicht sich Kränze.

Mit blauen Schuhen und roten Hacken,
Ein Ding wie aus Marzipan gebacken.

Ihr schlägt das Herz, wo bleibt der Hans?
Blumen, Blumen in seinen Kranz!

Blumen, Blumen, so viel es giebt,
Für ihn, für ihn, der mich liebt, der mich liebt!

Grillengezirp, Lerchengesinge,
Sich übertaumelnde Schmetterlinge!

Winter.

Du lieber Frühling, wohin bist du gegangen?
Noch schlägt mein Herz was deine Vögel sangen.
Die ganze Welt war wie ein Blumenstrauß.
Längst ist das aus!
Die ganze Welt ist jetzt, oh weh,
Barfüßle im Schnee!
Die schwarzen Bäume stehn und frieren.
Im Ofen die Bratäpfel musizieren,
Das Dach hängt voll Eis.
Und doch: bald kehrst du wieder, ich weiß,
ich weiß!

Bald kehrst du wieder,
O nur ein Weilchen,
Und blaue Lieder
Duften die Veilchen!

Ein Abschied.

Sein Freund, der Türmer, war noch wach,
Wie Silber gleißte das Rathausdach
Und drüber stand der Mond.

Er wußte kaum, wie schwer er litt,
Doch schlug ihm das Herz bei jedem Schritt
Und das Ränzel drückte ihn.

Die Gasse war so lang, so lang,
Und dazu noch die Stimme, die über ihm sang:
Wanns Mailüfterl weht!

Jetzt bog sich ein Fliederstrauch über den Zaun,
Und die Mutter Gottes, aus Stein gehaun.
Stand weiß vor dem Domportal.

Hier stand er eine Weile still
Und hörte, wie eine Dohle schrill
Hoch oben ums Turmkreuz pfiff.

Dann löschte links in dem kleinen Haus
Der Löwenwirt seine Lichter aus
Und die Domuhr schlug langsam Zehn.

Die Brunnen rauschten wie im Traum,
Die Nachtigall schlug im Lindenbaum
Und Alles war wie sonst.

Da riß er die Rose sich aus dem Rock
Und stieß sie ins Pflaster mit seinem Stock,
Daß die Funken stoben, und ging.

Das Lämpchen flackerte rot überm Thor
Und der Wald, in den sich sein Weg verlor,
Stand schwarz im Mondlicht da ...

Erst droben auf dem Heiligenstein
Fiel ihm noch einmal Alles ein,
Als der Weg um die Buche bog.

Die Blätter rauschten, er stand und stand
Und sah hinunter unverwandt,
Wo die Dächer funkelten.

Dort stand der Garten und dort das Haus,
Und jetzt war das aus, und jetzt war das aus,
Und — die Dächer funkelten!

Sein Herz schlug wild, sein Herz schlug nicht
fromm:
Wann i komm, wann i komm, wann i wieder-
komm!
Doch er kam nie wieder.

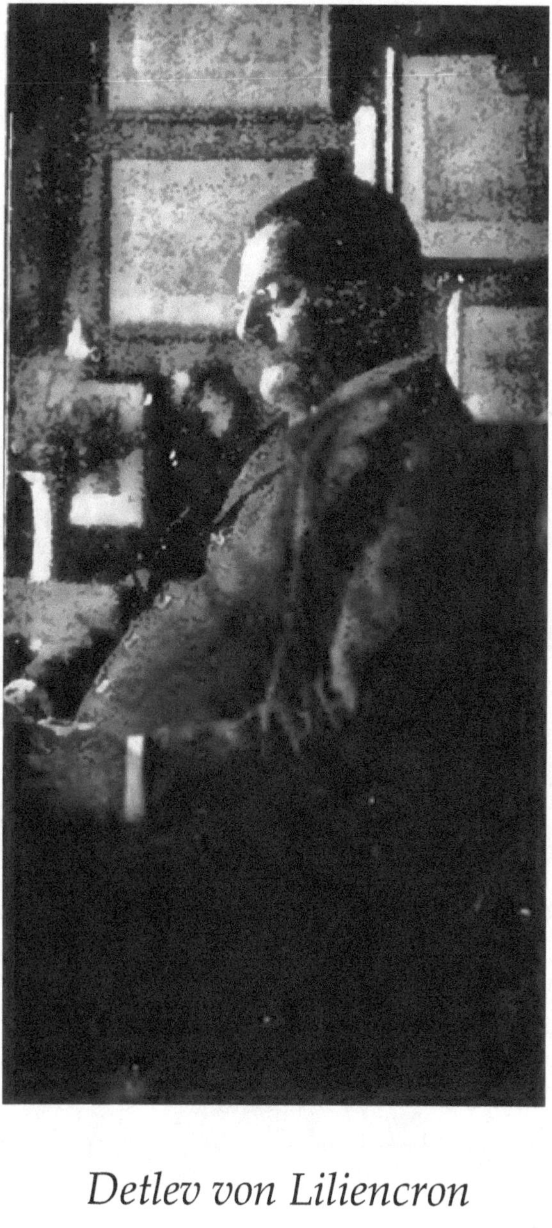

Detlev von Liliencron

Die Genevernixe.

In einem Krämerladen,
Es mochte täglich sein,
Trat lächelnd, wie aus Gnaden,
Ein sittsam Fräulein ein.
Und kauft sich Wachholderbeeren,
Hat weiter kein Begehren
Als diesen Wunsch allein.

Die andern Kunden staunten,
Und fragten hin und her,
Und wie sie rieten, raunten,
Das Rätsel wurde schwer.
Das Fräulein schien wie ein Engel,
Fehlt nur der Lilienstengel
Als Gottes Unschuldswehr.

Als einmal voll die Diele,
Trat wieder sie herein,
Und handelt sich am Ziele
Die schwarzen Beeren ein.

Da sangen sie an zu lachen
Und ihre Glossen zu machen:
Seht nur den Heiligenschein.

Und stumm zieht sie von dannen,
Und wird nicht blaß, noch rot,
Doch ihre Thränen rannen,
Als wärs in Angst und Not.
Und sie wendet sich mit Beben:
Mir kauft ich das ewige Leben,
Ihr aber kauft euch den Tod.

Dann geht sie durchs Gedränge,
Durch Gassen fort zum Fluß,
Begleitet von der Menge,
Die folgt ihr, weil sie muß,
Und sieht im Strom sie versinken,
Und unterm Sternenblinken
Ufert ein Wellenkuß.

Hans der Schwärmer.

Hans Töffel liebt schön Doris sehr,
Schön Doris Hans Töffel vielleicht noch mehr.
Doch seine Liebe, ich weiß nicht wie,
Ist zu scheu, zu schüchtern, zu viel Elegie.
Im Kreise liest er Gedichte vor,
Schön Doris steht unten am Gartenthor:
Ach, käm' er doch frisch zu mir hergesprungen,
Wie wollt' ich ihn herzen, den lieben Jungen.
Hans Töffel liest oben Gedichte.

Am andern Abend, der blöde Thor,
Hans Töffel trägt wieder Gedichte vor.
Schön Doris das wirklich sehr verdrießt,
Daß er immer weiter und weiter liest.
Sie schleicht sich hinaus, er gewahrt es nicht,
Just sagt er von Heine ein herrlich Gedicht.
Schön Doris steht unten in Rosendüften
Und hätte so gerne seinen Arm um die Hüften.
Hans Töffel liest oben Gedichte.

Am andern Abend ist großes Fest,
Viel Menschen sind eng an einander gepreßt.
Heut muß ers doch endlich sehn der Poet,
Wenn schön Doris sacht aus der Thüre geht.

Potz Tausend, er merkt es und merkt es auch nicht,
Er spricht und verzapft gar ein eigen Gedicht.
Und unten im stillen, dunklen Garten
Muß schön Doris vergeblich, vergeblich warten.
Hans Töffel liest oben Gedichte.

Nach dem Ball.

Setz in des Wagens Finsternis
Getrost den Atlasschuh.
Die Füchse schäumen ins Gebiß,
Und nun, Johann, fahr zu.
Es ruht an meiner Schulter aus
Und schläft, ein müder Veilchenstrauß,
Die kleine blonde Comtesse.

Die Nacht versinkt in Sumpf und Moor,
Ein erster roter Streif.
Der Kibitz schüttelt sich im Rohr
Aus Schopf und Pelz den Reif.
Noch hört im Traum der Rosse Lauf,
Dann schlägt die blauen Augen auf
Die kleine blonde Comtesse.

Die Sichel klingt vom Wiesengrund,
Der Tauber gurrt und lacht,
Am Rade kläfft der Bauernhund,
All Leben ist erwacht.
Ach, wie die Sonne köstlich schien,
Wir fuhren schnell nach Gretna Green,
Ich und die kleine Comtesse.

Kurz ist der Frühling.

Kam in ein Wirtshaus, ich weiß nicht wie,
Tanzt der Soldate, tanzt der Commis.
War ein so schöner Frühlingstag,
Schlug mein Herz so besonderen Schlag.
Trug ein wunderbar Verlangen,
Mit einem Mädel heut anzufangen.
Und, alle Wetter, da seh ich sie tanzen,
Dichtete gleich zehntausend Stanzen.
Kurz ist der Frühling.

Als wieder am Platze die Tänzerin,
Ging ich stracks zu der Kleinen hin.
Bat sie, ein Glas zu trinken mit mir,
Ja, sagte sie gleich und ohne Gezier.

Bestellt ich uns eine kalte Flaschen
Und dem Holdchen etwas zum Naschen.
Blitzt mir ihr Auge dankbar entgegen.
Zuckt um die Lippen es noch verlegen.
Kurz ist der Frühling.

Kindel, mein Kutscher schlief draußen aus,
Wir fahren, ich bitt dich, nun nach Haus.
Lacht sie, die schelmische Tänzerin,
Das wäre gar nicht nach ihrem Sinn.
Ließ ich mich weiter von ihr bestricken,
Mußte den Kutscher zum Kuckuck schicken.
Doch als der Morgen in Saal und Ecken,
Führt ich am Arm sie durch Schlehdornhecken.
Kurz ist der Frühling.

War so ein süßes, verliebtes Ding,
Noch ohne Schmuck und noch ohne Ring.
Freute sich kindisch über ein Band,
Über ein Kettchen und allerlei Tand.
Tranken zusammen die Chocolade,
Besahen uns dann die Wachparade,
Kaufte zum Hut ihr eine Feder,
Schenkt ihr Handschuh vom feinsten Leder.
Kurz ist der Frühling.

Wohnten im hübschen Vorstadthaus,
Fern vom Markt und vom Straßengebraus.
Schaut in die Welt ihr Auge braun,
Ging ihre Welt bis zum Gartenzaun.
War so gefällig, war so bescheiden,
Dacht ich nimmer an Scheiden und Meiden.
Doch als der Sommer kam in die Lande,
Trennten sich unsere Liebesbande.
Kurz ist der Frühling.

Mit der Pinasse.

(Schön Wetter.)

Mädchen, reich mir deine Hände,
Spring ins Boot, nicht zu behende,
Lös das Tau vom Bohlenring.
Über kleine Wellenhügel
Tanzen unsre Segelflügel
Wie der weiße Schmetterling.
Bläst Nordost uns frisch hinaus,
Weht Südwest uns sanft nach Haus.

Lustig Liebesabenteuer,
Ich und du allein am Steuer,

Weite Wassereinsamkeit.
Letztes Ufer im Verblassen,
Hoch am Maste der Pinassen
Wimpelt die Verschwiegenheit.
Bläst Nordost uns frisch hinaus,
Weht Südwest uns sanft nach Haus.

Wenn die Bretter plötzlich krachen,
In die Tiefe taucht der Nachen,
Sah es nur der wilde Schwan.
Klopft dein Herzchen? Laß uns wenden
Und die stille Fahrt beenden,
Bald am Heerde sprüht dein Span.
Blies Nordost uns frisch hinaus,
Weht Südwest uns sanft nach Haus.

Ich liebe dich.

Vier adliche Rosse
Voran unserm Wagen.
Wir wohnen im Schlosse
In stolzem Behagen.

Die Frühlichterwellen,
Und nächstens der Blitz,
Was all sie erhellen,
Ist unser Besitz.

Und irrst du verlassen,
Verbannt durch die Lande,
Mit dir durch die Gassen
In Armut und Schande.
Es bluten die Hände,
Die Füße sind wund.
Vier trostlose Wände,
Es kennt uns kein Hund.

Steht silberbeschlagen
Dein Sarg am Altare,
Sie sollen mich tragen
Zu dir auf die Bahre.
Und fern auf der Heide,
Und stirbst du in Not,
Den Dolch aus der Scheide,
Dir nach in den Tod!

Die Musik kommt.

Klingling, bumbum und tschingdada,
Zieht im Triumph der Perserschah?
Und um die Ecke brausend brichts
Wie Tubaton des Weltgerichts,
Voran der Schellenträger.

Brumbum, das große Bombardon,
Der Beckenschlag, das Helikon,
Die Piccolo, der Zinkenist,
Die Türkentrommel, der Flötist,
Und dann der Herre Hauptmann.

Der Hauptmann naht mit stolzem Sinn,
Die Schuppenketten unterm Kinn,
Die Schärpe schnürt den schlanken Leib,
Beim Zeus! Das ist kein Zeitvertreib,
Und dann die Herren Leutenants.

Zwei Leutenants, rosenrot und braun,
Die Fahne schützen sie als Zaun,
Die Fahne kommt, den Hut nimm ab,
Der sind wir treu bis an das Grab,
Und dann die Grenadiere.

Der Grenadier im strammen Tritt,
In Schritt und Tritt und Tritt und Schritt,
Das stampft und dröhnt und klappt und flirrt,
Laternenglas und Fenster klirrt,
Und dann die kleinen Mädchen.

Die Mädchen alle, Kopf an Kopf,
Das Auge blau und blond der Zopf,
Aus Thür und Thor und Hof und Haus
Schaut Mine, Trine, Stine aus,
Vorbei ist die Musike.

Klingling, tschingtsching und Paukenkrach,
Noch aus der Ferne tönt es schwach,
Ganz leise bumbumbumbum tsching,
Zog da ein bunter Schmetterling,
Tschingtsching, bum, um die Ecke?

Beppi.

War die Nacht ein unstät Ruhn,
Nun?
Horchte viel zum Gang hinaus,
Hört im Speicher nur die Maus,

Wie sie piepte,
Die verliebte.
Nun?
Hatte sanft die Thür gelehnt,
Endlos, endlos mich gesehnt,
Bis die Finsternis zerbricht,
Und ich warte länger nicht.
Nun?

Und im Röckchen von Kattun,
Nun?
Steht vor mir das Schwabenmädle,
Husch ist sie am Fensterlädle,
Will mich necken,
Spielt verstecken.
Nun?
Ruthenbiegsam, siebzehn Jahr',
Braune Augen, schwarzes Haar,
Frühlingsbrüstchen, kerngesund,
Kleine, rasch, wo ist dein Mund?
Nun?

Naht sich wer auf scheuen Schuhn?
Nun?

Ihre Stirn, beim ersten Kuß,
Überschießt ein Flammenguß,
Und ihr Wehren
Ist Begehren.
Nun?
Aber nicht doch, tobt der Krieg,
Und sie küßt mich, holder Sieg,
Küßt so toll mich, heiß umrankt,
Daß ein Vorderzahn mir wankt.
Nun?

Bruder Liederlich.

Die Feder am Sturmhut in Spiel und Gefahren,
Halli.
Nie lernt ich im Leben fasten, noch sparen,
Hallo.
Der Dirne laß ich die Wege nicht frei,
Wo Männer sich raufen, da bin ich dabei,
Und wo sie saufen, da sauf ich für drei.
Halli und Hallo.

Verdammt, es blieb mir ein Mädchen hängen,
Halli.

Ich kann sie mir nicht aus dem Herzen zwängen,
Hallo.
Ich glaube, sie war erst sechzehn Jahr',
Trug rote Bänder im schwarzen Haar,
Und plauderte wie der lustigste Staar.
Halli und Hallo.

Was hatte das Mädel zwei frische Backen,
Halli.
Krach, konnten die Zähne die Haselnuß knacken,
Hallo.
Sie hat mir das Zimmer mit Blumen geschmückt,
Die wir auf heimlichen Wegen gepflückt,
Wie hab ich dafür ans Herz sie gedrückt.
Halli und Hallo.

Ich schenkt ihr ein Kleidchen von gelber Seiden,
Halli.
Sie sagte, sie möcht mich unsäglich gern leiden,
Hallo.
Und als ich die Taschen ihr vollgesteckt
Mit Pralines, Feigen und feinem Konfekt,
Da hat sie von morgens bis abends geschleckt.
Halli und Hallo.

Wir haben superb uns die Zeit vertrieben,
Halli.
Ich wollte, wir wären zusammen geblieben,
Hallo.
Doch wurde die Sache mir stark ennuyant,
Ich sagt ihr, daß mich die Regierung ernannt
Kamele zu kaufen in Samarkand.
Halli und Hallo.

Und als ich zum Abschied die Hand gab der Kleinen,
Halli.
Da fing sie bitterlich an zu weinen,
Hallo.
Was denk ich just heut ohn Unterlaß,
Daß ich ihr so rauh gab den Reisepaß ...
Wein her, zum Henker, und da liegt Trumpf Aß.
Halli und Hallo.

Frühling.

Komm, Mädchen, mir nicht auf die Stube.
Du glaubst nicht, wie das gefährlich ist
Und wie mein Herze begehrlich ist —
Komm, Mädchen, mir nicht auf die Stube.
Du klipperst und klapperst mit Teller und Tassen,
Rasch muß ich von Arbeit und Handwerkszeug lassen,
Du kleine Kokette,
Und muß dich küssen und stürmisch umfassen.
Komm, Mädchen, mir nicht auf die Stube.

Komm, Mädchen, mir nicht in die Wege.
Wenn im Garten ich einsam spazieren geh
Und im Garten dich einsam hantieren seh —
Komm, Mädchen, mir nicht in die Wege.
Aus Himbeergebüschen schimmert dein Rücken,
Ich höre dein Kichern beim Unkrautpflücken,
Du hast mich gesehen:
Was zögert er noch, in den Arm mich zu drücken.
Komm, Mädchen, mir nicht in die Wege.

Komm, Mädchen, mir nicht in die Laube.
Denn wüßtest du, wie das erbaulich ist,
Und wie solche Sache vertraulich ist,
Komm, Mädchen, mir nicht in die Laube.

Wenn wir so nebeneinander sitzen,
Und unsre Augen zusammenblitzen,
Es netzt uns der Nachttau,
Wir könnten uns leicht erkälten, erhitzen.
Komm, Mädchen, mir nicht in die Laube.

Zwei Meilen Trab.

Es sät der Huf, der Sattel knarrt,
Der Bügel jankt, es wippt mein Bart
Im immer gleichen Trabe.

Auf stillen Wegen wiegt mich längst
Mein alter Meklenburgerhengst
Im Trab, im Trab, im Trabe.

Der sammetweichen Sommernacht
Violenduft und Blütenpracht
Begleiten mich im Trabe.

Ein grünes Blatt, ich nahm es mit,
Das meiner Stirn vorüberglitt
Im Trabe, Trabe, Trabe.

Hut ab, ich nestle wohlgemut,
Hut auf, schon sitzt das Zweiglein gut.
Ich blieb im gleichen Trabe.

Bisweilen hätschelt meine Hand
Und liebkost Hals und Mähnenwand
Dem guten Tier im Trabe.

Schöne Junitage.

Mitternacht, die Gärten lauschen,
Flüsterwort und Liebeskuß,
Bis der letzte Klang verklungen,
Weil nun alles schlafen muß —
Flußüberwärts singt eine Nachtigall.

Sonnengrüner Rosengarten,
Sonnenweiße Stromesflut,
Sonnenstiller Morgenfriede,
Der auf Baum und Beeten ruht —
Flußüberwärts singt eine Nachtigall.

Straßentreiben, fern, verworren,
Reicher Mann und Bettelkind,
Myrtenkränze, Leichenzüge,
Tausendfältig Leben rinnt —
Flußüberwärts singt eine Nachtigall.

Langsam graut der Abend nieder,
Milde wird die harte Welt,
Und das Herz macht seinen Frieden,
Und zum Kinde wird der Held —
Flußüberwärts singt eine Nachtigall.

Heimkehr.

Nach all dem Blumenpflücken,
Gejachter und Entzücken,
Nach Tanz und Zymbelzug,
Nach all dem Kaffeetrinken,
Uns in die Arme sinken,
Hast endlich du genug.

Und durch verstummte Wälder,
Durch mondbeglänzte Felder
Erstreben wir dein Haus.

Schon flimmern einzelne Sterne,
In Grau verwebt die Ferne,
Und Spaß und Spiel sind aus.

Wir ziehn an Gärten, Hecken,
An plätschernden Marmorbecken
Vorbei wie schon im Traum.
Die Nachtigallen singen,
Gesang und Lärm verklingen,
Ein Toter steht der Baum.

Und müder wird dein Schreiten
Nach all den Herrlichkeiten,
Und schüchtern lacht die Lust.
Ich halte dich umfangen,
Bis wir zu dir gelangen,
Lehn dich an meine Brust.

Stütz dich, daß ich dich führe,
Schon dämmert deine Thüre,
Nun ist der Gang vollbracht.
Noch einmal deine Hände,
Noch einen Kuß als Spende
Zur letzten Gutenacht.

Der Handkuß.

Viere lang,
Zum Empfang,
Vorne Jean,
Elegant,
Fährt meine süße Lady.

Schilderhaus,
Wache 'raus.
Schloßportal,
Und im Saal
Steht meine süße Lady.

Hofmarschall.
Pagenwall.
Sehr graziös,
Merveillös
Knixt meine süße Lady.

Königin,
Hoher Sinn,
Ihre Hand,
Interessant,
Küßt meine süße Lady.

Viere lang,
Vom Empfang,
Vorne Jean,
Elegant,
Kommt meine süße Lady.

Nun wie wars
Heut bei Czars?
Ach, ich bin
Noch ganz hin,
Haucht meine süße Lady.

Rudolf Alexander Schröder

Frau Zibidill.

Oh, nein, mein Freund, die schöne Dame,
Von der ich dir erzählen will,
Ist nicht aus irdischem Stamme,
Die holde Frau Zibidill.

Sie ist aus dem Reiche der Feen;
Dort hat sie ein schönes Palais
Mit Gärten und Wäldern und Seen
Und Dienern in goldner Livree.
Sie wollte mich gerne führen
Durch die verzauberte Pracht;
Und wir gingen selbander spazieren
Dort oben die ganze Nacht.

Doch, was wir zusammen gethan und gesprochen,
Davon erfährst du kein Wort.
Wir beide stürben sofort,
Wenn ich das Geheimnis gebrochen.

Oh nein, mein Freund, die schöne Dame,
Von der ich dir erzählen will,
Ist nicht aus irdischem Stamme,
Die holde Frau Zibidill.

Sie stieg nur des Nachts hernieder
Aus ihrem verwunschenen Haus
Und sang mir verworrene Lieder
Und löschte die Kerzen aus.
Und schien durchs offene Fenster
Der Mond verschwiegen und sacht,
Erklärte sie mir die Gespenster
Der seltsamen Mitternacht.

Doch, was wir zusammen gethan und gesprochen,
Davon erfährst du kein Wort.
Wir beide stürben sofort,
Wenn ich das Geheimnis gebrochen.

Oh nein, mein Freund, die schöne Dame,
Von der ich dir erzählen will,
Ist nicht aus irdischem Stamme,
Die holde Frau Zibidill.

Sie hatte traurige Mienen,
Und etwas ergrautes Haar.
Doch ist mir noch keine erschienen,
Die so bezaubernd war.
Und was wir auch sinnen und dichten,
Die Nacht und den langen Tag,
Vergleicht sich ihr mit nichten,
Die an meiner Seite lag.

Doch, was wir zusammen gethan und gesprochen,
Davon erfährst du kein Wort.
Wir beide stürben sofort,
Wenn ich das Geheimnis gebrochen.

Oh nein, mein Freund, die schöne Dame,
Von der ich dir erzählen will,
Ist nicht aus irdischem Stamme,
Die holde Frau Zibidill.

Als sie vor wenig Tagen
Zum letzten Mal bei mir saß,
Wollte sie mich was fragen,
Aber ich weiß nicht was.

Sie ließ eine Rose fallen,
Die ist verwelkt bei Tag
Und blüht in den Nächten allen,
Wo sie nicht mehr kommen mag.

Doch, was wir zusammen gethan und gesprochen,
Davon erfährst du kein Wort.
Wir beide stürben sofort,
Wenn ich das Geheimnis gebrochen.

Oh nein, mein Freund, die schöne Dame,
Von der ich dir erzählen will,
Ist nicht aus irdischem Stamme,
Die holde Frau Zibidill.

Sie geht nun mit vielen andern,
Und ihr Haar ist ein wenig weiß;
Sie muß wohl immer so wandern,
Weil sie keine Freundschaft weiß,
Wir aber, Freund, indessen
Gehen zu Spiel und Wein,
Und kann ich sie erst vergessen,
Werd ich auch wieder lustig sein.

Doch, was wir zusammen gethan und gesprochen,
Davon erfährst du kein Wort.
Wir beide stürben sofort,
Wenn ich das Geheimnis gebrochen.

Herr Bombardil.

Es war ein Herr von Bombardil,
Der aß ganz ungewöhnlich viel.
Drum ward er täglich dicker.

Jedoch dem Herrn von Bombardil
Dies Dickerwerden sehr gefiel:
Er ward mit Freuden dicker.

Einst sprach der Arzt: „Herr Bombardil,
Sie dürfen wirklich nicht mehr viel
Noch fürder werden dicker."

Da lachte Herr von Bombardil
Und aß nun grad noch mal so viel:
„Ich werde doch noch dicker."

Da platzte Herr von Bombardil,
Und als er in die Grube fiel:
Die Maden wurden dicker.

Der schöne Alfred.

Da liegt er nun, der schöne Knabe:
Oh Freunde, weint an seinem Grabe,
Und singt mit lautem Klaggetön:
Der gute Alfred war so schön, so schön,
Der gute Alfred war so schön.

Es kommen hundertachtzig Frauen
In Trauerkleidern langen, grauen,
Und singen auch mit Klaggetön:
Der gute Alfred war so schön, so schön,
Der gute Alfred war so schön.

Es kommen Fräuleins an dreitausend
Vor Kummer bleich, vor Schrecken grausend,
Und singen auch mit Klaggetön:
Der gute Alfred war so schön, so schön,
Der gute Alfred war so schön.

Es kommen dreißig holde Knaben
Um ihren Abgott zu begraben,
Und singen auch mit Klagetön:
Der gute Alfred war so schön, so schön,
Der gute Alfred war so schön.

Der ganze Friedhof steht voll Herren,
Die alle ihrem Kummer wehren,
Und singen auch mit Klaggetön:
Der gute Alfred war so schön, so schön,
Der gute Alfred war so schön.

Ja selbst die dieses Lied hier hören —
Gehn sie nach Haus, ich möchte schwören,
Sie singen auch mit Klaggetön:
Der gute Alfred war so schön, so schön,
Der gute Alfred war so schön.

Die Snobsdame.

Soll ich euch nun was erzählen
Von der schönen Frau Malupran?

Oh ja, bitte sehr, erzählen
Sie von der schönen Frau Malupran.

Frau Malupran hatte ein Spitzenkleid
Und eine Schleppe zehn Meter weit;
Die war aus weißer Seide.
Und wenn sie damit auf der Straße ging,
Ein jeder sich in der Schleppe verfing,
In ihrem Spitzenkleide.
Und wenn sie damit ging zum Tanz,
Beneideten sie alle Damen,
Die vor ihrem weißen Seidenschwanz
Gar nicht zum Tanzen kamen.
Und als sie die Treppe herunterging,
Da trat man ihr auf die Schleppe.
Die Damen bildeten einen Ring,
So kam sie nicht von der Treppe.
Da half kein Schelten und kein Geschrei,
Keine Thränen und kein Bitten:
„Du kommst nicht eher wieder frei,
Als die Schleppe dir abgeschnitten."
Da schnitt man ihr die Schleppe ab
Mit viel Geschrei und Gezeter:
Doch als erschienen der nächste Tanz,

Da hatte sie wieder 'nen Seidenschwanz,
Doch diesmal zwanzig Meter.

Soll ich noch mehr erzählen
Von der schönen Frau Malupran?

Oh ja, bitte sehr, erzählen
Sie von der schönen Frau Malupran.

Frau Malupran hatte einen Hund,
So groß als wie 'ne Maus.
Der hatte nur drei Zähne im Mund
Und sah entzückend aus.
Der erste Zahn war von Elfenbein,
Den brauchte er alle Tage.
Der zweite war von Silber fein,
Den brauchte er die Sonntage.
Der dritte war von Golde gar,
Den braucht' er fürs Allerbeste,
Zu Weihnachten oder zu Neujahr,
Zum Pfingst- und Osterfeste.
Einst wagte ein kecker Bösewicht —
Zu was erfrechen die Kerls sich nicht —
Die Zähnchen ihm auszureißen.
Man setzte ihn gleich wieder in Stand:

Er bekam drei Zähne aus Diamant,
Und konnte nun wieder beißen.

Soll ich euch noch mehr erzählen
Von der schönen Frau Malupran?

Oh ja, bitte sehr, erzählen
Sie von der schönen Frau Malupran.

Frau Malupran hatte ein schönes Gespann,
Vier Rappen und zwei Bereiter voran.
So fuhr sie stets mit Pomp und Trara
Des Nachmittags um Vier ins Bois
Und nahm höchst chic im Chatelet
Oder an der Cascade Thee.
Einst warf ein Mann mit einem Steine
Den Pferden zwischen ihre Beine.
Da stürzen zweie, da stürzen viere: —
Es war geschehn um die armen Tiere.
Des andern Tags kam Frau Malupran
In einem nagelneuen Gespann;
Das zogen sechszehn Schimmel.
In ihrer Spitzengarnitur,
Das liebe Hündchen im Arme fuhr
Sie graden Wegs in den Himmel.

Sechs Damen.

Es spazierten einst sechs Damen
Abends in der Gallerie.
Jede hatte ihren Namen,
Und die erste hieß Marie.
Und die zweite hieß Brigitte
Und Kathinka hieß die dritte
Und die vierte hieß Dorinde
Und die fünfte Rosalinde
Und der sechsten Name war
Josephine Pimplipar.
Ach wie waren diese Schönen
Liebenswürdig und galant,
Flüsterten mit Zaubertönen
Und sie winkten mit der Hand —
Und sie rauschten mit der Seide,
Die an ihren Kleidern war,
Und es blitzte ihr Geschmeide
Und es duftete ihr Haar.
Aber als wir näher kamen,
Lächelten gar seltsam sie.
Jede nannte ihren Namen;
Dann verschwanden die sechs Damen
Einzeln aus der Gallerie.

Geschwister Dimotant.

Wer wäre so reizend und so entzückend,
Als jene Damen,
So süß berückend,
So voller Witz und Geist, so überaus charmant,
Als die, zu denen wir an jedem Abend kamen,
Geschwister Dimotant?

Es waren die höchsten Gesellschaftskreise
Bei jenen Damen;
In ihrer Weise
Erwiesen sie sich hold und lieblich und galant
Den vielen Herren, die zu ihnen öfters kamen,
Geschwister Dimotant.

Doch einst erschienen zwei Gendarmen
Bei jenen Damen,
Und ohn Erbarmen,
Ergriffen kurz gefaßt sie beide bei der Hand,
Und führten sie dahin, von wo nie wieder kamen
Geschwister Dimotant.

Ein Unglücksfall.

In einer großen Stadt in Sachsen
Ließ sich ein Fräulein, schlank gewachsen,
Und voller Anmut, klug und schön
Des öftern auf der Straße sehn.

Sie züchtete in ihrem Garten
Im Frühling alle Tulpenarten,
Im Sommer einen Rosenflor,
Der sich erst gegen Herbst verlor.

Sie pflegte reinlich sich zu kleiden
In graue Kleider, schlicht und seiden.
Nur ihre Broche war gemein:
Ein Rosenstrauß aus Elfenbein.

Besagtes Fräulein sprang, ob Wunder,
Einst in den Saalestrom hinunter,
Wo sie dem Publikum entschwand,
Bis man die Leiche wiederfand.

Weshalb sie zu der That gekommen
Und sich das Leben selbst genommen,
Weiß niemand in der ganzen Stadt;
Es steht nicht mal im Wochenblatt.

Die Frau von Malogne.

Die Frau von Malogne will Gondel fahren.
Und wo?
Auf Teichen, die die ſanften Ufer küſſen,
Auf Flüſſen, die die ſanften Fernen grüßen,
In einer Gondel will ſie fahren.
Da ſind drei weiße Schwäne gekommen
Über die Spiegelflut heraufgeſchwommen
Und haben aus ihrer Hand,
Die jeder reizend fand,
Ein wenig Brot genommen.
Wie ſie dann ſo zierlich gleiten
Und die ſchönen Flügel weiten,
Sind ſie plötzlich fortgezogen;
Und ſie,
Ach ſie
Weiß nicht, wo ſie hingeflogen.

Die Frau von Malogne will jagen.
Und wo?
In Wäldern, die dem Himmel ſich verstecken,
Auf Feldern, die ſich in die Weite recken,
Auf den Feldern will ſie jagen.

Da sieht sie in der Mittelhelle
Ein weißes Reh im Wald an einer Quelle.
Sie zielt mit Aug und Hand,
Die jeder reizend fand, —
— Der Pfeil verfehlte seine Stelle.
Und wie nun das Tier enteilte
Und das Zweigicht zierlich teilte,
War's plötzlich ihrem Blick entnommen;
Und sie,
Ach sie
Weiß nicht, wo es hingekommen.

Die Frau von Malogne will reiten und fahren.
Und wo?
Auf allen Straßen, die das Land durcheilen,
Auf allen Wegen, die die Flur zerteilen,
Auf Wagen und Pferden will sie fahren.
Wie sie nun so das Land durchritten,
Hofherrn und Damen, schön und guter Sitten,
Dachte in ihrem Sinn
Die süße Königin:
„Ich bin allein in ihrer Mitten."
So ging der Zug mit Klang und Kling,
Sie waren froh und guter Ding

Und ritten gern in alle Weiten,
Nur sie,
Ach sie,
Weiß nicht, wohin sie alle reiten.

Die Frau von Malogne will Feste feiern,
Und wo?
In Sälen, die von Gold und Lichtern schimmern,
In Gärten, die von Duft und Sonne flimmern,
In den Gärten will sie feiern.
Da sind der Reigen viel geschwungen;
Und Lieder sind die herrlichsten gesungen,
Und sie mit ihrem Fuß,
Den jeder loben muß,
Ist allen vorgesprungen.
Wie alle Lüste nun sich letzten,
Sich an Rausch und Pracht ergetzten,
Sind die Freuden jäh zerglommen,
Und sie,
Ach sie,
Weiß nicht, wo sie hingeschwommen. — —

Die Träume.

Ich hatte heute Nacht einen Traum.

Ich war in einem schönen Garten,
Mit Rasenplätzen und Rosenhecken
Und Blumenbeeten und Wasserbecken
Und sah drei Jungfraun stehn und auf mich warten.
Wie ich nun näher trat sie zu begrüßen,
Wandte die erste sich auf ihren Füßen
Und ging unter eine Lindenlaube.
Die zweite wohlgethan
Sah mich von der Seite an
Und ging unter eine Buchenlaube.
Da war ich mit der dritten allein,
Wir faßten uns an und gingen zu zwein
Unter eine Rosenlaube.
Ueber der stand ein Amor
Aus Marmor.

Ich hatte heute Nacht einen Traum.

Da kamen drei schwarze Herren,
Mich mit ihrem Besuch zu beehren.

Die sagten mir ich sei ein Schuft,
Und verdürbe ihnen nur die Luft
Und sollte mich packen aus meinem Haus,
Ich aber warf sie selbst hinaus.

Ich hatte heute Nacht einen Traum.

Da sah ich drei weiße Engelein;
Die hatten Kronen aus Edelstein
Und weiße Federflügel.
Die beiden vordern flogen zu zwein,
Und der dritte hinterdrein
Hielt sie an einem goldenen Zügel.
Die warfen mir — oh Wunder —
Lebendige Bonbons herunter.
Käfer aus Marzipan
Und Bären aus Chocolade
Und Soldaten und einen Weihnachtsmann —
Die waren zum Essen fast zu schade —
Dann warfen sie mir ein Fräulein herab
Aus Sahne und Zucker in Lebensgröße —
Da brach meinem Bett ein Vorderbein ab;
Und ich erwachte von dem Getöse.

Ich hatte heute Nacht einen Traum.

Da sah ich drei große Affen,
Die machten sich mit einander zu schaffen,
Sie lausten sich
Und zausten sich
Und haben sonst noch viel gethan,
Was unbeliebt bei jedermann.
Da sagt ich: Ihr dummen Affen,
Laßt mich doch ruhig schlafen.

Ich hatte eben einen Traum.

Da träumt ich, es würde euch beschweren,
Mir noch länger zuzuhören.
Drum ende ich ohne Säumen
Die Geschichte von meinen Träumen.

Frank Wedekind

Pennal.

Länger kann mein Herz ich nicht bezähmen —
Ach du lieber Gott, ich that es nie —
Doch Sie dürfen es nicht übel nehmen,
Aber ich gesteh's, ich liebe Sie.
Und wenn ich Sie auf der Straße sehe,
Dann ergreift es mich, ich weiß nicht wie;
Dann wird es mir klar und ich gestehe
Ihnen noch einmal: Ich liebe Sie.

Ob ich gehe, stehe, liege, sitze,
Ob ich meinen Aufsatz schreiben soll,
Ob ich über der Grammatik schwitze,
Stets erscheint ihr Bild verheißungsvoll.
Und wenn Sie mir nicht zu schreiben denken,
Dann soll ein verheißungsvoller Blick,
Den Sie im Vorübergehn mir schenken,
Bote sein von meinem größten Glück.

Aber wenn mein Herz zu kühn gewesen,
Wenn sich Ihre Blicke wenden ab,

Werden Sie vielleicht im Tagblatt lesen,
Wo ein Lebensmüder fand sein Grab.
So, Sie kennen nun mein Liebesfeuer;
Winkt mir heitres, winkt mir düstres Los?
Meine Freude wäre ungeheuer;
Meine Schmerzen wären riesengroß.

Ilse.

Ich war ein Kind von fünfzehn Jahren,
Ein reines, unschuldsvolles Kind,
Als ich zum ersten Mal erfahren,
Wie süß der Liebe Freuden sind.

Er nahm mich um den Leib und lachte
Und flüsterte: O welch' ein Glück!
Und dabei bog er sachte, sachte
Mein Köpfchen auf das Pfühl zurück.

Seit jenem Tag lieb' ich sie Alle,
Des Lebens schönster Lenz ist mein;
Und wenn ich Keinem mehr gefalle,
Dann will ich gern begraben sein.

Brigitte B.

Ein junges Mädchen kam nach Baden,
Brigitte B. war sie genannt,
Fand Stellung dort in einem Laden,
Wo sie gut angeschrieben stand.

Die Dame, schon ein wenig älter,
War dem Geschäfte zugethan,
Der Herr ein höherer Angestellter
Der königlichen Eisenbahn.

Die Dame sagt nun eines Tages,
Wie man zu Nacht gegessen hat:
Nimm dies Paket, mein Kind, und trag' es
Zu der Baronin vor der Stadt.

Auf diesem Wege traf Brigitte
Jedoch ein Individium,
Das hat an sie nur eine Bitte,
Wenn nicht, dann bringe er sich um.

Brigitte, völlig unerfahren,
Gab sich ihm mehr aus Mitleid hin.
Drauf ging er fort mit ihren Waren
Und ließ sie in der Lage drin.

Sie konnt' es anfangs gar nicht fassen,
Dann lief sie heulend und gestand,
Daß sie sich hat verführen lassen,
Was die Madam verzeihlich fand.

Daß aber dabei die Tornüre
Für die Baronin vor der Stadt
Gestohlen worden sei, das schnüre
Das Herz ihr ab, sie hab' sie satt.

Brigitte warf sich vor ihr nieder,
Sie sei gewiß nicht mehr so dumm;
Den Abend aber schlief sie wieder,
Bei ihrem Individium.

Und als die Herrschaft dann um Pfingsten
Ausflog mit dem Gesangverein,
Lud sie ihn ohne die geringsten
Bedenken abends zu sich ein.

Sofort ließ er sich alles zeigen,
Den Schreibtisch und den Kassenschrank,
Macht die Papiere sich zu eigen
Und zollt ihr nicht mal mehr den Dank.

Brigitte, als sie nun gesehen,
Was ihr Geliebter angericht,
Entwich auf unhörbaren Zehen
Dem Ehepaar aus dem Gesicht.

Vorgestern hat man sie gefangen,
Es läßt sich nicht beschreiben, wo;
Dem Jüngling, der die That begangen,
Dem ging es gestern ebenso.

Sieben Rappen.

Großer Gott im Himmel, sieben
Rappen sind mir noch geblieben!
Was nur fang' ich armer Mann
Mit den sieben Rappen an.

Tod und Teufel, wären's zwanzig,
Tanzte gleich noch einen Tanz ich
Auf der Bühne bunt bemalt,
Wo man zwanzig Rappen zahlt!

Wären's fünfzehn! — Einen Happen
Wurst kauft man für fünfzehn Rappen.

Hungrig bin ich so wie so;
Eine Wurst macht lebensfroh.

Ach, und wären's auch nur zehne!
Ein Schluck Bier, den ich ersehne,
Ist er gleich ein wenig klein,
Muß für zehne käuflich sein.

Aber sieben, sieben ganze
Rote Rappen, nicht zu Tanze,
Nicht zu Wurst und nicht zu Bier,
Gar zu nichts verwendbar mir —!

Lehr' mich du, o Fürst der Hölle,
Was thät'st du an meiner Stelle,
Wenn im Beutel du zuletzt
Nur noch sieben Rappen hätt'st?

Alsbald zieht der große Weise
Seine düstren Zauberkreise,
Spuckt nach rechts und links und spricht:
Hör' mich an, du armer Wicht!

Kommt bei Wettersturm und Regen
Dir ein Bettelkind entgegen,

Schwarz von Auge, schwarz von Haar,
Busen im Entwicklungsjahr.

Wirf ihr deine sieben Rappen
In des Kleides lose Lappen,
Sag' ihr, sie sei engelschön,
Schweig und heiß sie weitergehn!

Du hast Freude, sie hat Freude,
Freuen werdet ihr euch Beide;
Meine Freude hab' auch ich,
Segne und belohne dich.

Der Tantenmörder.

Ich hab' meine Tante geschlachtet,
Meine Tante war alt und schwach;
Ich hatte bei ihr übernachtet
Und grub in den Kisten-Kasten nach.

Da fand ich goldene Haufen,
Fand auch an Papieren gar viel
Und hörte die alte Tante schnaufen
Ohn' Mitleid und Zartgefühl.

Was nutzt es, daß sie sich noch härme —
Nacht war es rings um mich her —
Ich stieß ihr den Dolch in die Därme,
Die Tante schnaufte nicht mehr.

Das Geld war schwer zu tragen,
Viel schwerer die Tante noch.
Ich faßte sie bebend am Kragen
Und stieß sie ins tiefe Kellerloch. —

Ich hab' meine Tante geschlachtet,
Meine Tante war alt und schwach;
Ihr aber, o Richter, ihr trachtet
Meiner blühenden Jugend — Jugend nach.

Der Thaler.

Blitzt der Thaler im Sonnenschein,
Blitzt dem Kind in die Augen hinein,
Ueber die Wangen rollen die Thränen.
Mutter zieht gar ein ernst Gesicht:
Vor dem Thaler, Schatz, fürchte dich nicht;
Nach dem Thaler sollst du dich sehnen!

Sieh, mein Herzblatt, auf Gottes Welt
Für uns Menschen giebt's nichts ohne Geld,
Hätt' ich dich, Herzblatt, auch nicht bekommen,
Bist noch so unschuldig, noch so klein,
Und willst täglich gefüttert sein,
Hast es mir selbst aus der Tasche genommen.

Darfst nicht weinen, bist all' mein Glück;
Giebst mir's tausentfältig zurück!
Sieh, die goldene Sonne dort oben
Brennt dir auch deine Guckäuglein wund,
Nährt und behütet den Erdenrund,
Daß alle Creaturen sie loben.

Nach der Sonne in goldiger Pracht
Haben die Menschen ihr Geld gemacht;
Ohne das Geld muß man elend sterben.
Sonne ist Glück und Glück ist Geld;
Wem es nicht schon in die Wiege fällt,
Der muß es mühevoll sich erwerben.

Sieh, mein Herzblatt, den grünen Wald
Drin der Vögel Gezwitscher erschallt;

Wie das so lieblich ist anzuschauen!
Hast du kein Geld für das morgige Brot,
Dir sind all' die Vögelein tot,
Und der Wald ist ein schrecklich Grauen.

Geld ist Schönheit; mit recht viel Geld
Nimmst du den Mann, der dir wohlgefällt,
Keinen Häßlichen, keinen Alten.
Sieh, der Reichen Hände, wie weiß!
Wissen nichts von Kälte, von Schweiß;
Haben keine Schwielen noch Falten.

Bei uns Armen ist Eins mal schön,
Aber nur im Vorübergehn:
Morgen schon ist zerrupft sein Gefieder.
Oder die Schönheit wird ihm zu Geld:
Kommt es hinauf in die große Welt,
Steigt es nicht leicht mehr zu uns hernieder.

Kind, hab acht auf deinen Gewinn:
Geld ist Freiheit, ist Edelsinn,
Menschenwürde und Seelenfrieden.
Alles kehrt sich zum goldenen Licht,
Warum sollen die Menschen es nicht?
Dir, mein Kind, sei das Glück beschieden.

Galathea.

O, wie brenn' ich vor Verlangen,
Galathea, schönes Kind,
Dir zu küssen deine Wangen,
Weil sie so verlockend sind.

Wonne, die mir widerfahre,
Galathea, schönes Kind,
Dir zu küssen deine Haare,
Weil sie so verlockend sind.

Nimmer wehr' mir, bis ich ende,
Galathea, schönes Kind,
Dir zu küssen deine Hände,
Weil sie so verlockend sind.

Ach, du ahnst nicht, wie ich glühe,
Galathea, schönes Kind,
Dir zu küssen deine Kniee,
Weil sie so verlockend sind.

Und was thät ich nicht, du süße
Galathea, schönes Kind,
Dir zu küssen deine Füße,
Weil sie so verlockend sind.

Aber deinen Mund enthülle,
Mädchen, meinen Küssen nie,
Denn in seiner Reize Fülle
Küßt ihn nur die Phantasie.

Christine.

Bessern soll ich mich? — O Himmel,
Wie werd' ich wohl besser!
Eher reiten schwarze Schimmel
Weiße Menschenfresser,
Eh' daß solch' ein Kauz wie ich
In sich geht und bessert sich.

Nein, mein Fräulein, ich verzichte
Auf die Tugendpalme;
Schreibe meine Mordgedichte
Tief im Tabaksqualme,
Bis der Satan kommt und spricht:
Fort mit dir, du Bösewicht!

Ja, der Teufel wird mich holen
Früher oder später,
Und ich Ärmster muß verkohlen
Unter Schmerzgezeter;

Haut und Haar und Fleisch und Bein,
Alles muß gebraten sein.

Sie indessen wandeln lieblich
In der Engel Scharen,
Blumen tragend, wie dort üblich,
In gelockten Haaren,
Und das ganze Angesicht
Angestrahlt vom Himmelslicht.

Sehn Sie nun, wie weit geschieden
Unser' beiden Pfade:
Ihnen eines Gartens Frieden,
Mir die Barrikade,
Wo man sich bei jedem Schritt
Auf die Hühneraugen tritt.

Ihnen freundliche Erbarmung,
Mir der Waffen Blinken
Und des wilden Bärs Umarmung,
Ihnen seine Schinken,
Mir des Feinds entmenschter Streit,
Ihnen seine Menschlichkeit.

Das arme Mädchen.

Höt' mir Einer, was er wollte,
Weil ich arm und elend bin,
Nie, und wenn ich sterben sollte,
Gäb' ich meine Ehre hin!
Schaudernd eilt das Mädchen weiter,
Ohne Obdach, ohne Brot,
Das Entsetzen ihr Begleiter,
Ihre Zuversicht der Tod.

Es klappert in den Laternen
Des Winters eisig Wehn,
Am Himmel ist von den Sternen
Kein einziger zu sehn.

Wie sie nun noch eine Strecke
Weiter irrt, sieht sie von fern
An der nächsten Straßenecke
Einen ernsten jungen Herrn.
Ihm zu Füßen auf die Steine
Bricht sie ohne einen Laut,
Hält umklammert seine Beine,
Und der Herr verwundert schaut:

Wenn dich die Menschen verlassen,
Komm auf mein Zimmer mit mir;
Jetzt tobt in allen Gassen
Nur wilde Begier.

Und sie folgte seinen Schritten,
Hielt sich schüchtern hinter ihm;
Jener hat es auch gelitten,
Wurde weiter nicht intim.
Angelangt auf seinem Zimmer
Zündet er die Lampe an,
Bei des Lichtes mildem Schimmer
Bald sich ein Gespräch entspann:

Es boten mir wohl Viele
Ein Obdach für die Nacht,
Doch hatten sie zum Ziele,
Was mich erschaudern macht.

Ferne sei mir das Verlangen,
Sprach der ernste junge Mann,
Dir zu färben deine Wangen,
Wenn ich's nicht durch Güte kann.
Bat sie, länger nicht zu weinen,
Holte Wurst und kochte Thee,

Und am Morgen zog er einen
Thaler aus dem Portemonnaie.

Sie hat ihn bescheiden genommen
Und fand, eh' der Tag vorbei,
Als Plätterin Unterkommen
In einer Wäscherei.

Aber ach, die Tage gingen
Und die Nächte freudlos hin,
Bluteswallungen umfingen
Ihren frommen Kindersinn.
Immer mußt sie sein gedenken,
Der so freundlich zu ihr war,
Immer mußt den Kopf sie senken,
In der muntern Mädchenschar.

Und eines Abends um neune
Hielt sie's nicht aus,
Lief ganz alleine
Nach seinem Haus.

Er war noch nicht heimgekommen,
Sie verkroch sich unters Bett,
Bis sie seinen Schritt vernommen,
Wo sie gern gejubelt hätt'.

Doch sie hielt sich still da unten,
Bis er sich zu Bett gelegt
Und den süßen Schlaf gefunden,
Dann erst hat sie sich geregt.

Leise wie eine Elfe
Schlupft sie zu ihm hinein:
Daß Gott mir helfe —
Ich bin dein!

Doch da hat er sich erhoben,
Wußte erst nicht, was geschah,
Hat die Kissen vorgeschoben,
Als das Kind er nackend sah:
Nein, jetzt will ich dich nicht haben;
Wohl dir, daß du mir vertraut!
Spare deine schönen Gaben,
Denn schon morgen bist du Braut!

Er führte binnen drei Tagen
Sie wirklich zum Altar.
Es läßt sich gar nicht sagen,
Wie glücklich sie war . . .

Ernst von Wolzogen

A fescher Domino.

Tanz mit mir, mein schönes Herrl —
Schau, i bin a netter Kerl!
Durchgebrennt — hui! bin i froh!
Gelt, a fescher Domino?
Hast ebba an feschern g'sehn?
Herrgott ist das Leben schön!
Kannst mer's glaub'n, alle Sixen —
Vorn und hinten feit si nixen!
Halt mi' fest, und laß net aus —
Gelt, heut gehn ma nimma z' Haus?
  Doaridi:
Drah mi' rundum im Schwung —
Mir san nur amal jung —
Jung muaß ma san, du mei herzliaba Bua!
Tanz'n mir a Loch in' Strumpf —
Heut is no Fasching Trumpf —
Geb'n ma der Fadheit bis morgen a Ruah!
  O mei, o mei, o mei!
  O mei, o mei!
Kurz is die Gaudi und saudumm die Reu!

Bist amend du gar von Adel?
Schau, i bin an armes Madel:
Alles hab' i bis aufs letzt'
Um den Domino versetzt!
Sag ma g'schwind was liabs ins Ohr
Is net wahr, so lüag ma's vor.
Schatz, du, laß an Schampus krachen,
Wer wird heut sich Sorgen machen!
Bis zum Himmi is ma's z' weit —
Schenk mer hier glei d' Seligkeit!
Doaridi u. s. w.

Möcht' d'r tausend Busseln geb'n —
So oan krieg' ich nie im Leb'n!
Hab' i Glück, nah wird a fetter
Bäck- und Melber mein Erretter.
Muaß eam helfen schaffen, schaffen,
Alleweil nur Markeln raffen —
Derf eam fei die Bamsen budeln —
Und er thut sich weita nudeln!
Is jetzt dös des Lebens Zweck?
Gebt's ma mit der Tugend weg!
Doaridi u. s. w.

Trifft's mi und i werd' a G'schwollne,
Aus der eignen Haut Gequollne —
Hütl boch am Kürbisschädel,
Obendrauf a Federwedel;
Rentnerin von Gottes Gnaden —
Mit so Elefantenwaden,
Die vor Fettsucht schnauft und dampft
Und zwoa Dutzend Weißwürscht bampft —
Nacha, bitt schön, bringt's mi um —
Dulieh! — i gib nix drum!
Doaridi u. s. w.

Das Laufmädel.

Platschepitsch — Spagatelregen —
Schokolad' auf allen Wegen.
Mädel unter Paraplü
Stiefelt tapfer durch die Brüh.
Pflasterlreterl,
Armes Peterl!
Mädel, kleines Mädel laufe —
Aus dem Regen in die Traufe!
Kille, kille, Kleine,
Brauche deine Beine —

Trippeltrab treppauf und ab,
Stöckelstiefel klippeklapp —
Morgen kommt ein Herr Baron,
Oder ein Kommerziensohn!

Hei! da schwänzelt's um die Ecke —
Augerl, blanke, vogelkecke!
Wuschelhaare blond und dick
Wuchten auf ein weich Genick.
Schnuffelnaserl,
Schlankes Haserl!
Kindergoscherl weich und schüchtern
Ist noch gänzlich busselnüchtern.
Kille, kille Kleine,
Brauche deine Beine —
Trippeltrab treppauf und ab,
Stöckelstiefel klippeklapp —
Mädel lauf und halt' dich brav —
Übermorgen kommt ein Graf!

Schleppe deinen Robes-Kasten —
Mädel lauf, sonst heißt es fasten!
Mutterl schimpft dich zünftig z'samm'
Und es grantelt die Madam'.
Krampft im Kröpferl,

Thränentröpferl?
Schluck's hinunter — alles Plunder!
Wart, der Himmel thut ein Wunder!
Kille, kille, Kleine,
Brauche deine Beine —
Trippeltrab treppauf und ab,
Stöckelstiefel klippeklapp —
Herr, erbarm' dich deines Kind's —
Nächste Woche kommt ein Prinz!

Mädel, wie sie dich bepacken!
Schau, wie glühn dir blos die Backen!
Kindel, hast du's auf der Brust,
Daß du gar so husten mußt?
Nebel schieben,
Flocken stieben —
Fasching kam mit Geigenklingen . . .
Warum magst denn du nicht springen?
Kille, kille, Kleine,
Brauche deine Beine —
Trippeltrab treppauf und ab,
Stöckelstiefel klippeklapp —
Bald ein End hat alle Not —
Frühling wird's — dann kommt der Tod!

Madame Adèle.

Je suis Adèle, la reine blonde —
On me connait, messieurs, parbleu!
Je suis la reine, la reine, la reine du Demimonde.
Adèle est là — faites votre jeu!
Oh jeh, oh ji, hab nur ka Angst —
Ich sing auch Deutsch, wenn's d' es verlangst,
Denn mein Französch' g'langt nur — oh jeh!
Zum Hausgebrauch fürs Variété!
Ein Franzos ist nur mein Schneider —
Echt Paris sind diese Kleider.
Und drunter das ist auch kein Quarck:
C'est un jupon pour achtzig Mark,
Die seid'nen Strümpf' kriegst schon für acht —
Trulala, Trulala —
Was glaub'n Sie, wie das glücklich macht!

Nicht immer wühlt ich so in Spitzen,
Einst trug ich Barchent und Flanell —
Ich mußte tipp-tipp-tipp an der Maschine sitzen,
Und auch die Feder führt' ich schnell,
Ole, Oli — 's war wenig da —
Und ein Corset verbot Mama,

Doch unverfälscht und g'sund dazu,
Wie warme Milch frisch von der Kuh!
Abends kriegt ich Käs' und Rettich
Und dann kroch fein satt ins Bett ich — — —
Jetzt jede Nacht im Separé
Mit feschen Herren ein souper!
Da schleck ich, bis das Mieder kracht — —
Trulala, Trulala
Was glaub'n Sie, wie das glücklich macht!

Ich zählte eben siebzehn Jahre,
Da nahte schon sich mein Geschick:
Ein Herr vergaffte sich in meine blonden Haare
Und in den veilchenblauen Blick.
Halli! Hallo! Wie war ich froh!
Er fragt nicht lang und nahm mich so . . .
Im vierten Stock hausť mein Poet . . .
Und da geschah's — wie das so geht! —
Himmelhoch und himmelweit —
Heimlich süße Seligkeit!
Ach! Wenn ich an seinem Halse hing,
War ich ihm Alles — ich dummes Ding — —
Da ward ich wissend über Nacht — —

Trulala, Trulala
Was glaub'n Sie, wie das glücklich macht!

Goldkehlchen mein und Sonnenſcheinchen,
Sein ſüßes Mädel, lieb und dumm —
So nannt' er mich und lobte meine Elfenbeinchen
Und trug mich buckelkrax herum.
O Gitt, O Gott! 'S iſt jammervoll,
Daß ſolche Lieb auch enden ſoll! —
Doch vom Talent wird man nicht ſatt,
Wenn man nicht eine Rente hat! — —
Der Zweite war ein Herr Aſſeſſor,
Der ſtand ſich ſchon erheblich beſſer . . .
Ja, meine Herrn — die Jugend flieht!
Ein kluges Kind wird früh ſolid!
Treu hat noch nie was eingebracht — —
Trulala, Trulala
Was glaub'n Sie, wie das glücklich macht!

Der erſte nahm ſich nicht das Leben,
Als ich zum Zweiten mich gewandt,
Er hieß mich ſchleunigſt nur die Trepp' hinunterſchweben — —
Worauf er aus der Stadt verſchwand.

Trali! Trala! 's ist lang schon her,
Bin längst kein dummes Mädel mehr! —
Ich fahr' zum Rennen viere lang,
Und hab' mein Conto bei der Bank!
Flog in's Licht als graue Motte —
Doch jetzt bin ich grande Cocotte!
Je m'en fiche de tout ce que m'accuse!
Hein! Messieurs, je vous amuse?
Vlan les volants! Heh! Kreischt und lacht!
Trulala! Trulala
Was glaub'n Sie, wie das glücklich macht!

INHALT.

OTTO JULIUS BIERBAUM

Der erste Bogen mit meinem Einleitungsbriefe war schon gedruckt, als ich zu meinem Bedauern erfuhr, dass das Wolzogensche Überbrettl nun doch nicht im Rahmen des Darmstädter „Dokumentes deutscher Kunst" stehen wird. Die Mitglieder der Darmstädter Künstlerkolonie werden vielmehr selber etwas Ähnliches veranstalten.

O. J. B.

FSC
www.fsc.org
MIX
Papier | Fördert gute Waldnutzung
FSC® C083411

Zeitfracht Medien GmbH
Ferdinand-Jühlke-Straße 7
99095 Erfurt, Deutschland
produktsicherheit@kolibri360.de